新装改訂版
# WORLD JOURNEY
### BY AYUMU TAKAHASHI

高橋歩 編著

はじめに

この本は、世界を自由に放浪したい人に贈る本だ。

今から数年前、結婚したばかりの妻とふたりで世界を放浪した経験をもとに、これから、世界を旅したいという人たちに役に立ちそうなことをまとめてみた。

そして、心ある多くの世界一周経験者やスペシャリストにも協力してもらって、いろいろなパターンのリアルな体験談も紹介させてもらった。

誰もが知っているように、世界は広い。地球は大きい。
世界の路上を歩き、世界の音を楽しみ、世界の料理を味わい、世界の酒に酔い、世界の海に溶け、世界の夕焼けにほほを染め、世界の星を見上げ、世界の風に吹かれ、世界中の人々と泣いたり笑ったりしながら……。
おもいっきり、地球を楽しもう。

**Go! Go! World Journey!**

旅を愛するすべての人へ、この本を贈ります。


高橋歩

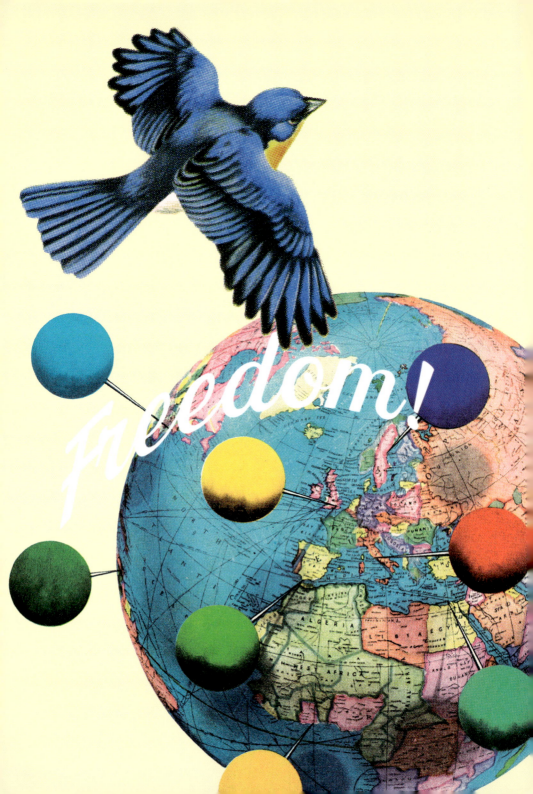

目 次 contents

Prologue

# BEFORE THE TRIP　～旅に出掛ける前に～

**1. Image & Plan**　さて、どんな旅をしようか？ ....P034

**2. Money**　結局、いくら必要なの？ ....P052

**3. Baggage**　どんな荷物を持って行くとベスト？ ....P078

**4. Preparation**　出発前にやっておいたほうがいいことは？ ....P092

# ON THE ROAD　～旅先でのあれこれ～

**5. Move**　飛行機からラクダまで… 移動手段について ....P116

**6. Stay**　スイートルームから野宿まで… 宿について ....P138

**7. Food & Drink**　世界中で安くおいしいものを食べるために ....P152

**8. Language**　言葉が通じない国での楽しみ方 ....P168

**9. Local Info**　現地で楽しい情報をキャッチするために ....P186

**10. Danger**　旅先で死なないために ....P218

# FOR HAPPY TRAVELERS　～旅人たちへ～

**The Spot**　あゆむ＆さやかが選ぶハッピースポット集 ....P250

**Culture Catalogue**　旅を楽しむためのカルチャーカタログ ....P260

**Page of S**　～高橋歩と共に世界を旅した妻さやかちゃんのページ～ ....P104 / P238

Epilogue

Prologue

ふたりの旅の目的？　旅をする意味？
そんなものはないさ。

世界中の風を感じ
世界中の星を見上げ
世界中の海に溶け
世界中の夕焼けに頬を染め
世界中の酒に酔い
世界中の人間と笑う。

ただ、それだけでいい。
ただ、それだけがいい。

1998.11.23  Narita Airport, JAPAN

気の向くままに、タヒチの小さな島々を旅してる。
アイランドトリップが好きだ。
今日も、どこかの島で、ピースな時間を。

2000.5.18 Moorea Island, TAHITI

遂に来た。サハラ砂漠だ。
月明かりと天の川に照らされて、夜の砂漠をふたりで黙々と歩いた。
なんで、こんなにココロが静かなんだろう。

1999.10.30 Sahara, MOROCCO

やっぱり、クスコは空が近い！
明日は、高山列車に乗ってマチュピチュへ行こうか。
ナスカの地上絵も見たいな。
2000.4.26 Cusco, PERU

Ngorongoro N.P. Kenya

赤道直下のアフリカ、野生の王国をジープで回る。

マサイ族が歩く野原で、ゾウが出産していた。
朝焼けの空に何万羽というピンクフラミンゴが飛んでいた。
そして、大きな虹が出た。

ここでは、言葉はいらない。

1999.11.26 Ngorongoro N.P., KENYA

オーストラリアの真ん中で、エアーズロックの前に立つ。
半端に大きいものは醜いが、とてつもなく大きいものは美しい。

1999.1.8  Ayers Rock , AUSTRALIA

ロシアって、イメージと違ってカラフルな国なんだな。
すごくパワーのあるおばちゃんがいっぱいだ。
オレ、モスクワ好きになっちゃったよ。

1999.6.23 Moscow, RUSSIA

世界一美しいといわれるビーチ。
モーリシャス、イル・オ・セルフ。

海、きれいすぎ。やばい。
シーカヤックでも乗りながら、ボブ・マーリーを聴こうか。

1999.12.6 Beach I le aux Cerfs, MAURITIUS

360度、どこまでも広がる草原。
そして、モンゴリアンブルーの青い空。

なにもない。誰もいない。

1999.6.10 Gobi, MONGOLIAN

アラスカ、すごい！
圧倒的な大自然に包まれて、オレは感動して震えてるだけだった。

人間って小さいんだな。

2000.7.2 Alaska, U.S.A.

世界中の町を歩き、市場や雑貨屋や本屋やフリマをめぐる。
やばいもの、面白いもの、素敵なものがいっぱいだ。

世界中でおいしいものをいっぱい食べよう！
うまい酒をたらふく飲もう！

やっぱり、旅は出逢いだよね。

One World, One Love.

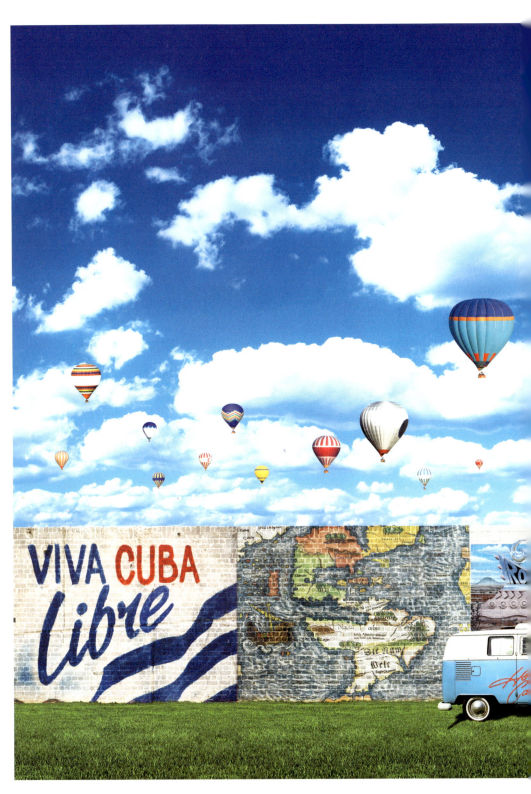

新装改訂版

# WORLD JOURNEY

## THE GUIDE OF A JOURNEY WITH LOVE & FREE
### WRITTEN & EDITED BY AYUMU TAKAHASHI
### PRESENTED BY A-WORKS

# BEFORE

*Let's Go! World Journey!*

# THE TRIP
## 旅に出掛ける前に

**Image & Plan**　さて、どんな旅をしようか？

**Money**　結局、いくら必要なの？

**Baggage**　どんな荷物を持って行くとベスト？

**Preparation**　出発前にやっておいたほうがいいことは？

BEFORE THE TRIP: 01

# Image&Plan

さて、どんな旅をしようか？

## さて、どんな旅をしようか？

text by Ayumu Takahashi

世界一周したい！
初めてそう想ったのは、いつだったろう？

今から7年前、オレは25歳、彼女のさやかは24歳の頃だったと想う。
日曜日の午後、新宿ルミネのカフェで、だらだらしているときの会話。

「ねぇ、さやか、いきなりだけどさ、ドラゴンボール7つ揃ったら何したい？」
「なにそれ？ 今、一番したいこと？ う～ん、やっぱ、ひとつって言ったら、あゆむと世界一周かな」
「世界一周？ やばいね、それ！ いいね、それ！」

マジな話、すべては、そんなふざけた会話から始まったんだ。


せっかく地球に生まれたんだから、面白いところ全部見ないともったいないよな。
ちょうど結婚も決まったことだし、仕事もやめてフリーになるときだし、こうなったらハネムーンは世界一周か？ マジで行っちゃうか！

そんな感じで、盛り上がってきてさ。

でも、世界一周っていくらかかるんだろう？
とりあえず調べるべ。

そう想って、本屋に走った。

01. IMAGE&PLAN **35**

でも、どのガイドブックを見ても、ひとつひとつの国については詳しく書いてあるけど、世界一周について書いてある本は見つけられなくて、結局、コースも予算も決められず……。

まぁ、いいや。
こうなったら、出発日と最初の国だけ決めて出発しちゃおう。
後はアドリブでなんとかしようぜ。

んじゃ、出発は結婚式の3日後な。
スタートは、オーストラリアのグレートバリアリーフで。
あとは、コースも決めない。期間も決めない。
世界地図を片手に気ままに旅して、お金がなくなったら帰ってこよう。

さやかと話して、それだけを決めた。


オレたちは、まず、ふたりの手持ちの金をかき集めて、旅のスタート地点であるオーストラリア・ケアンズ行きの航空券を買った。

引退後のお年寄りならまだしも、現役バリバリの若い時代に世界一周しようと想うなら、金も時間もあるわけないし、「行っちゃえ！」って感じのノリで行かないと行けるわけないじゃんって想ってさ。

「行けるときに行こう」とか、「タイミングが合えば」とか言ってたら一生行けないのはわかってたから、まず、出発日と最初の国だけをズバッと決めて、勢いで航空券を買った。

よし！　これで、決定だ！

そんな感じで、すべては、あっという間に現実的な話になったんだ。


01. IMAGE&PLAN　**37**

世界一周するって決めたのはいいけど、旅の日程やコースについての、細かいプランはなかった。

出発前に、さやかとふたりで世界地図をながめながら、なんとなく描いていたイメージがあるとすれば、こんな感じ。

まず、オーストラリアを一周して、バリ島からアジアの国々を回りながら北上してモンゴルまで。モンゴルからシベリア鉄道でロシアを横断してモスクワまで行って、そこから北欧、北極圏へ。イギリスからヨーロッパ諸国を回りながら南下して、スペインからジブラルタル海峡を越えてアフリカへ。エジプトやイスラエルに寄った後、アフリカを南下して喜望峰まで行って、そこから南米のペルーに飛んで、周辺の世界遺産を堪能して、モアイのイースター島にも寄ってタヒチへ。そして、太平洋を北上してハワイを経由して、ロサンゼルスに入り、北アメリカ大陸を北上して、最後はアラスカで終了しよう！

まぁ、観光するっていうよりは、いろいろな街に住むイメージ。
地球上のあらゆる場所で、1週間の暮らしを味わえたら楽しそうだね。
あとは、無事に帰ってこれて、超楽しかったね！って最後に笑えればいいよな。

ふたりでそんな話をして、出発した。

旅に出る意味も、意義も、そんな難しいことは考えもしなかった。

世界を旅しながら、本当にいろんな旅人に逢った。

路上で似顔絵を描きながら世界中を何十年も放浪している人から、最高の
波を求めて世界中をサーフトリップしている人とか、世界中の建築物を見て
回っている人もいたし、世界中の祭りを回っている人や世界中の人と酒を飲
めればいいんだっていう面白い人たちもいた。世界一の夕焼けを探してい
る人、世界中のイルカと泳ぎまくっている人、世界一周グルメツアーをしてい
る人、アイランドトリップが好きで世界中の島だけを回っている人、世界中
の施設でボランティアをしながら旅を続けている人……。
まぁ、あたりまえのことだけど、旅のコースや想いはみんな違っていて、まさ
に百花繚乱！っていう感じで、一緒に話していて本当に面白かった。

毎年、1年間のうち3ヵ月間は日本で死ぬ気で働いて金を貯めて、残りの
9ヵ月間はテーマを変えて世界一周する……なんていう暮らしを何年間も
続けている「毎年世界一周野郎」も面白かったし、バイクやチャリンコ、キャ
ンピングカーやヨットに乗っての世界一周なんていうのも、すごく楽しそう
だった。

会社帰りにふっと決心して、自宅に寄ってパスポートとクレジットカードだ
け持って、スーツ着たまま空港へ行って世界放浪へ出掛けちゃったんだ……
なんていうファンキーなおじさんもいたし、オレたちみたいに、「世界一周し
ちゃう？」くらいの軽いノリで、何も決めずに出掛けちゃうっていうのも、も
ちろん、ありだしさ。

旅のコースに、ルールなんてないよな。

01. IMAGE&PLAN **41**

1. Image & Plan　さて、どんな旅をしようか？

# VOICE　世界一周経験者たちの声！

## Q. QUESTION: 01

まず、「世界一周しよう！」と決めたきっかけについて聞かせてください。そして、出発前にどんな計画を立てていましたか？旅のコースや期間やテーマなど、出発前に決めていたことがあれば教えてください。

# ～旅に出掛ける前に～ BEFORE THE TRIP

TRAVELER'S VOICE

## 吉村健二
**DATA:** 362日間の旅／滞在45カ国／男ひとり旅／2001年出発＜当時26歳＞

**A.** ✱【旅の動機】ぶっちゃけた話、学生時代から憧れはあったのですが、卒業と同時にそのまま就職してしまい、無理なことだと自分の中で決め付けていました。ところが、6年付き合った彼女にフラれたことをきっかけに、自分の人生について考え初め、転職を決意しました。そして、「どうせ転職するなら、次の仕事が始まる前に自分の時間を作ろう。これからの人生、こんなときしか時間はとれない！ 昔からの憧れの世界一周でもしてやろうじゃないか！」と世界一周を思い立ちました。
✱【旅のコース】出発前に、会社の先輩に、「沢木耕太郎を読んで行け」と言われて読破し、「船で中国に上陸して、そのままヨーロッパまで抜ける」、そんな漠然としたイメージだけで出発しました。
✱【テーマ】「一国一家」。すべての国で、必ずひとつの家族の家に泊めてもらうこと。家というものは、その国の文化が集約されていると思っています。それなら、旅先で出会う人と仲良くなって、家に泊めてもらおう。そして、あらゆる国の人間という文化を知ろう！ そんな気持ちでいつも旅していました。

TRAVELER'S VOICE: 2

## 竹之内秀行＆ヨレンダ
**DATA:** 333日間の旅／滞在18カ国／夫婦旅／2002年出発＜当時25歳＆26歳＞

**A.** ✱単純に、世界を見たかったからです。ただ、生活や職業や人生（抽象的だが）を固める前に見ておこうと思って。何か発見があるかもしれないし。ホントにそれだけです。
✱日本出発前には、ほとんど何も決めていませんでした。マカオで、スターアライアンスの世界一周航空券（※P62参照）を買ったので、期間は1年と決定。日程は変更できるので大まかに航空ポイントを決めました。旅先の国がなるべく暖かい時期であるように、スケジュールを決めました。
✱ふたりともデザイン系の勉強や仕事をしていたので、世界中の美術館やデザイン名所をめぐる旅というのが主なテーマでした。
✱ドイツのテクノイベント「ラブパレード」には絶対に行きたかったので、それに合わせて、旅の日程を組みました。

TRAVELER'S VOICE

## 斎藤賢治＆明子
**DATA:** 141日間の旅／滞在21カ国／夫婦旅／1994年出発＜当時34歳＆27歳＞

**A.** 「世界を一周しよう！」がテーマで、まずはふたりが訪れたことがない国、妻を連れて行きたい国を選びました。タイムテーブルを見て世界一周航空券で回れる最大のルートを探しました。航空券の手配でおおよそのルートは決まるのですが、後はそのとき任せ。ただし、冒険旅行ではないので、危ないところへは行かない、初めて入った国ではまず中級ホテルに泊まるなどのルールは旅の途中で自然とできてきました。

TRAVELER'S VOICE

## Sachiko
**DATA:** 226日間の旅／滞在19カ国／女ひとり旅／2001年出発＜当時21歳＞

**A.** ✱大学で地理学を専攻していて、講義やテキストだけでは満足できず、実際にこの目で見たいと思ったのが大学3年生の夏ごろ。年明けにひかえた就職活動を前に、その時点で社会に出て働くことにも疑問を感じていたので来年度を休学することにしました。どうせ旅行をするな

ら音の響きもいいので「世界一周しちゃおう」と考えて世界一周航空券を買うことにしました。
考え始めたのは冬休み前で、決心したのは年明けごろです。ルートはとりあえず絶対に行きたい国をピックアップして考えました。アメリカ、コスタリカ、ポルトガル、モロッコ、トルコ、インドがそれに該当した国です。
✱ 期間については、復学する必要があったので、休学期間の終わる翌年の3月まで。出発はどんなに遅くても7月にしよう、だから、出発までの5ヵ月間で100万円ためよう、と決めました。
✱ テーマはとにかく地理学を専攻する学生として貪欲に、客観的に物事をとらえる旅、という感じでした。そして毎日日記をつけることを旅行の課題にしました。

TRAVELER'S VOICE

### 渡邊賢
**DATA:**
140日間の旅／滞在27カ国／男ひとり旅／2003年出発＜当時31歳＞

**A.** ✱ もともと、海外旅行を始めたのが社会人になってからだったので、長期旅行に憧れていたが、仕事や予算の面であきらめていました。そんなとき、40万円前後で世界一周ができる「世界一周航空券」の存在を知り、世界一周が思っていたより安く短期間でできそうなので急に現実的に感じるようなりました。転職を考えていたので、次の仕事を探す前に行こうと決め、計画を立て始めました。そのため、テーマは「飛行機の旅」。機内や空港の雰囲気が好きなので、飛行機の移動も楽しめるように計画しました。
✱ 期間は始め3ヵ月くらいを想定していました。社会人としての感覚がずれないように、そして奥さんが留守番だったのであまりほったらかしにもできないので……。しかし、行きたい場所が増えたこと、アジアでのんびりし過ぎて結局4ヵ月半かかってしまいました。途中「いつ帰ってくるの!?(怒)」と奥さんに怒られたりもしましたが、心よく送り出してくれた奥さんに感謝しています。

TRAVELER'S VOICE

### 樽家彰宏&愛
**DATA:**
1029日間の旅／滞在101カ国／夫婦旅／2001年出発＜当時33歳（夫・妻共）＞

**A.** ✱ やりたいことをやらないで後悔するよりは、やって後悔したほうがよいと思ったから。そう思えた直接のきっかけは、夫が富士山で滑落事故をおこし、人間いつ死ぬかわからない、という出来事があったからだと思う。
✱ 最初の計画は2年間で東南アジアから西に向かって世界一周しようというものだったが、911のテロが直前に起こったため急遽変更。中南米からスタートすることになったがかえってこの方がよかったかも。最初の計画では中南米が最後に来るはずだったが、中南米は意外と物価が高いし治安もあまり良くない所もある。私たちは最後にアジアに行ったのだが、最後の楽しみという感じで食事もおいしいし、物価も安いし、治安もいいし、日本に近づいて行くという感じがよかった。その他には、おおまかには、パタゴニアには夏、サハラ越えには冬ということのみ決めていて、その間を適当に繋いでいったという感じ。結局2年の予定が延びて2年10ヵ月になってしまった。

TRAVELER'S VOICE

### 鈴木忍
**DATA:**
155日間の旅／滞在14カ国／夫婦旅／2001年出発＜当時32歳＞

**A.** ✱ 当時、出会った洋子（現妻）と共に旅行好きでした。お互い20代は仕事オンリーで、特に私は年間30日ほどの休みしかありませんでした。30歳過ぎとなれば貯金も程々、私もマンションを所有していました。しかし日本のサラリーマン的に定年まで会社に従事することは幸

~旅に出掛ける前に~ **BEFORE THE TRIP**

せかもしれないが、どうも自分の持っている本質とは違う気がしました。結婚を意識した頃、子どもが産まれる前にフリーな旅行に行きたいね、と話していたのが最初のきっかけでした。
✽世界一周なんてできるの？ いくらかかるの？ 英語はどうするの？ から始まって、計画的な私の性格からいろいろ調べ始めました。語学は別として、いろいろな会社から世界一周航空券が発売されていることを知りました。どうしてもイースター島に行きたかったので、ワンワールドエクスプローラーに決めました。旅行会社の方と数回打ち合わせをして、コースを決定。期間は半年位（失業保険をもらうためのぎりぎり期間）と決めていました。テーマは"世界一周新婚旅行、世界遺産とダイビング"の旅。直前にアメリカの同時多発テロがあったので随分悩みましたが決行しました。

TRAVELER'S VOICE

### 小崎達二
DATA：141日間の旅／滞在21カ国／出発時はひとり旅、途中から女性と同行（今の妻）／2002年出発＜当時28歳＞

**A.** 世界一周の旅を決めた理由は3つです。
✽【姉の留学】（最初のきっかけ）　もともとは小学生の頃に一生に一度、世界一周をしてみたいという夢がありました。私が大学生の頃に姉がカナダへ長期留学をしており、いつか自分も異文化を肌で感じたいと強く思うようになりました。
✽【自己への挑戦】（漠然とした考えの芽生え）　普通に受験勉強をし、普通に大学へ行き、普通に就職し、特に仕事も楽しく充実した生活を送っていましたが、あるとき、漠然と、仕事とは違う一個人としてどこまでできるかを試したい気持ちになっていきました。
✽【NewYorkの9・11テロ】（最終的なきっかけ）　仕事から帰り、テレビをつけるとNYテロの映像が流れていました。そしてWTCとともに崩れ落ちていった犠牲者を見たとき、一生の短さと有限性を感じ、死に際に後悔しない人生を送りたいと思いました。

TRAVELER'S VOICE

### 鹿島光司
DATA：204日の旅／滞在21カ国／男ひとり旅／1999年出発＜当時21歳＞

**A.** ✽きっかけは、大学の授業で、先生が言った「アルバイトして月7万円を稼ぐくらいなら、親に84万円借金してでも、1年間くらい遊んだ方が人生のためになる。お金はあとで返せるが、時間は帰ってこない」という意味の言葉です。自分なりにその話を噛み砕いて理解し、頭の奥にあった、「世界一周」に踏み切りました。
✽出発前には、大まかなルート、こんな感じに回れば世界一周できるんじゃないかな、という程度の計画でした。期間は、大学を休学し、必ず次の年には復帰しようと考えていましたので、学校の教務係とも相談して翌2月まででした。必ず立ち寄ろうと考えていたところは、バリ島とジブラルタル海峡でした。このため、ルートが東南アジアで大きく南に曲がってしまいましたが、結果的に良かったと思っています。

TRAVELER'S VOICE

### せつはやと&たしろさないち
DATA：370日間の旅／滞在25カ国／カップル旅／2002年出発＜当時29歳＆28歳＞

**A.** ✽「どうして行くのか？」と聞かれると、どうしてもこうしてもなく、「行きたい」、それだけだったです。世界旅行は夢でした。きっかけはというと、話が重くなります。2000年の春、父が癌で死にました。で、父の死後、「死ぬまでにどういうことをすれば、僕は満足か」という事をすごく考えてしまいました。死ぬまでに何をやれば幸せなのか。これは、正直、分からなかった。

01. IMAGE&PLAN **45**

でも、やりたいことを先送りして、あんまりやりたくないことを、仕方なく半分くらいの力でやっている。そういうのはいやだなと思って。お金も分別もできたと思ったそのとき、ないのは時間だけだった。で、会社をやめて世界一周にいきました。「今が行きどき」だと思ったのです。
✳︎旅のテーマは「脱！ パック＆パック」。バックパッカーのように、「とにかく節約、旅することが目的のケチケチ旅行」でもなく、パックツアーのように「過度に贅沢で融通のきかない、かいつまんだ旅行」でもなく お金を有効に使った、楽しい人生のロングサマーバケーション。「世界旅行で人生が大きく変わるはず」とか、「今後は旅に生きる」とかそんなことは全然考えていません。帰った後、もっと楽しい人生を送るための夏休みですね。はい。そんな人生やそんな旅行があってもいいんじゃないかな。行ったところの多くは、ビーチと美術館のある町。これにつきます。世界中のいろんなビーチでビール飲んで、のんびりしました。もともと仕事柄アート好きだったので、美術館は行きまくりました。世界の多くの美術館は、レストランもうまいし、建物や庭などの雰囲気も素敵だし、一日中楽しめる場所だと、この旅行で知りました。旅のコースは、世界一周航空券で行ったので、おおまかには決めて行きました。途中でいっぱい変更しましたが……。

TRAVELER'S VOICE

### 伊勢華子
**DATA:**
100日間の旅×2／滞在30カ国ちょっと／あるときは一人、あるときは仲間と一緒／2000年出発＜当時26歳＞

**A.** ✳︎世界1周目　やわらかな心で日々、暮らせたら楽しいだろうな。でも、やわらかな心って、そもそもどんなだろう。そんな想い高まって、画用紙と24色のペンを手に世界をめぐり、出逢った子どもたちに自分の一番大切な宝物や、心に想う世界地図を描いてもらいにでかけました。
✳︎世界2周目　言葉をつづることを業にしている私は、子どもたちに描いてもらった宝物と世界地図の絵で、本をつくりました。ひとつが「『たからもの』って何ですか」（パロル舎）。もうひとつが「ひとつのせかいちず」（扶桑社）。それが念願かなって完成した2003年、今度はこれらの本を描いてくれた子どもたちのもとへ届けるために、再び世界をめぐりました。

TRAVELER'S VOICE

### 古谷沙緒里＆眞木聖未
**DATA:**
123日間の旅／滞在19カ国／女ふたり旅／2006年出発＜当時26歳（ふたり共）＞

**A.** ✳︎「世界一周しよう！」と決めたきっかけは、ふらっと立ち寄った書店で『WORLD JOURNEY』（本書）を手に取ったこと。帯に記載されている「世界一周しちゃえば？」という投げかけに、「できるの？？」と思って本を買って帰り、一気に読みました。大富豪がやることだと思っていた世界一周旅行が、数十万の世界一周航空券で実現できることを知り、親友に即電話。出発目標期日を定めて、ふたりで世界一周の旅に出ることを決めました。
✳︎私と親友は、それぞれ福岡と大阪で暮らしていたため、メールと電話のやり取り、3回集合して旅の計画を立てていきました。まずは、白地図上で行きたい国に印をつけることから。これまで行ってみたい！ やってみたい！ と思っていた国、モノ、体験はすべてやろう！ と決めて。ふたりで案を出し合った上で、経路や期間を考慮して取捨選択を行っていきました。行きたい国を決めたら、旅行代理店にも相談して世界一周航空券を購入。大陸を跨ぐ移動後の初宿泊の宿だけはあらかじめ日本で予約を取りました。
✳︎帰国後に働くことを考えて、旅の期間は4カ月。旅慣れしておらず、英語が話せないふたりの旅だが、絶対死なずに帰る！ と決めていたので事前に混乱が予想されることは対策を打っておきました。初大陸に上陸した初日宿は予約しておく。さらに英語も通じない、治安が心配と言われていた国では、空港からホテルまでの送迎とツアーを予約しておく。航空券の経路と出発日は決めておき、出発日に空港にさえ行けば飛行機に乗って移動ができる！ 心配しながらも旅を応援してくれた親や友人にも、自分たちの旅力を認識した上で、最低限の安全策をとって旅に出ることで少しは安心してもらえました。

~旅に出掛ける前に~ **BEFORE THE TRIP**

TRAVELER'S VOICE

 菊池永敏&麻弥子

**DATA:**
1096日間の旅／滞在73カ国／夫婦旅／2000年出発＜当時28歳&25歳＞

**A.** ✱お互い大学生のときにバックパッカーをしていて、1ヵ月間～2ヵ月間の旅をしていました。そして、彼の夢として世界を1周してみたいということを聞き、私もその夢に向かって結婚して旅に出ようと決めました。
✱できるだけ飛行機を使わずに、陸路や航路を使って行けるところまで行くことと、無帰国で世界を1周することを第一に考えて決めました。
✱はじめは、アジア横断、アフリカ横断、南部アフリカ、南米、南極、東南アジアと周る予定でした。期間は1年半の予定でしたが、結局、3年近くの旅になりました。

TRAVELER'S VOICE

 浦川拓也

**DATA:**
120日間の旅／滞在20カ国／男ひとり旅／2013年出発＜当時21歳＞

**A.** ✱キラキラしたオレンジデイズのような大学生活を夢見ていたが、実際はそんなことはなく、大学の雰囲気にも馴染めず、退屈な日々を送っていました。このまま普通に就活して、いわゆる『いい企業』に入って社会人になるイメージがまったくできませんでした。人生に悩む、ってやつでしょうか。そんな中、友人に世界一周いこうと誘われ、高橋歩さんの『WORLD JOURNEY』を見せられて、「世界一周しちゃえば？」というフレーズがすんなりと自分の中に入ってきました。海外経験ゼロでしたが「世界一周」という選択肢を知り自分の世界が一気に広がりました。
✱それ以降、インターネットで世界の絶景や旅人のブログを検索しまくったり、いろんなイベントに参加して実際の体験談を聞いたりする中で、自分の中で世界一周がとても身近なものになりました。特に計画は立ててなかったのですが、ウユニ塩湖には絶対に行きたかったので、季節的な問題もあり、初海外ながら南米からのスタートになりました。

01. IMAGE&PLAN **47**

TRAVELER'S VOICE

### 清水直哉
DATA:
90日間の旅／滞在14カ国／男ひとり旅／2009年出発＜当時21歳＞

**A.**
✴︎きっかけは初めてのひとり旅でヨーロッパを旅していたときの話です。そのとき、ドイツで「今まさに世界一周をしている大学生」と偶然出会いました。「大学生でも世界一周なんてできるの!?」「世界一周航空券っていうものがある!?」……当時の僕には衝撃的な出会いで、その時から「いつか世界一周したい」と思うようになりました。

✴︎実際に世界一周にいこう！ と決めたのは大学3年生になって就職活動という壁が目の前に現れたときです。大学生活は体育会のサッカー部として、サッカー漬けの毎日を送っていたのですが、サッカー以外に好きなこともなく、将来の夢もない、やりたいこともない、働きたいと思う会社も見つからない。そう悩んでいるうちに、いつか世界一周したいと思っていた気持ちが強くなり、当時第一志望だった企業の面接に落ちたのが決定打となって、留年を決意。大学生活を1年間伸ばして世界一周の旅へ行くことを決意しました。

✴︎世界一周の期間に関しては、部活を引退してから、就職活動にギリギリ間に合う時期まで。ということで、3カ月になりました。本当は、半年以上は旅をしたかったのですが、部活にも、帰国後の就職活動にも本気で取り組みたかったので、こればかりはしょうがなかったかなと思っています。

✴︎コースは、絶対に行きたい場所をリストアップして、それをつないでいってコースを作った感じです。ワンワールドの世界一周航空券だったのですが、それのルールにのっとっていろいろと考えました。東南アジアに行きたい気持ちもあったのですが、そもそも時間が短い旅だったので、社会人になった後でも行けそうな距離である東南アジアなどは省いて、いきなりインドに行きました。あと、ウユニ塩湖の鏡張りは絶対に見たかったので、南米に1～2月に行く、というのもマストでした。

TRAVELER'S VOICE

### 菅野翼
DATA:
370日間の旅／滞在32カ国／女ひとり旅（時には仲間と）／2013年出発＜当時24歳＞

**A.**
✴︎19歳の専門学生時代に行った初海外で、世界にものすごく興味を持ち、世界の人・物・文化・景色ともっと出逢いたい！ と強く思っていた時に本屋さんで見つけた一冊の本。それが『WORLD JOUNRY』でした。世界一周しちゃえば？ という文句にハッとして、すぐに買って帰って即読み、読み終わる頃には世界一周を決意していました。まさにこの本がきっかけでした。

✴︎テーマはいくつかありましたが、パティシエとして世界各国の伝統的なお菓子や流行りのスイーツを見て食べて学ぶというのがありました。コースは西回りで、両親に1年間の大まかな予定を提出するために、月毎の行く国を紙に書いて渡し、なんとなくの動きはイメージして行きました。あとは自分の直感とその時の出会いに身をまかせることは決めて。

TRAVELER'S VOICE

### 中里和佳
DATA:
210日間の旅／滞在27カ国／女ひとり旅／2013年出発＜当時22歳＞

**A.**
✴︎幼い頃から世界をテーマにしたテレビ番組がとても好きで、いつしか『世界一周』が私の憧れになっていました。大学3年生のときに就活を目前にし、自分の人生プランを真剣に考えるようになったとき、「いつ世界一周しよう？」と具体的に考えるようになり、「学生時代の今しかない！」と思い、就活目前に1年間休学をする決断をしました。

✴︎旅のテーマは「世界一周修学旅行」。世界を学び、世界を楽しみながら、そして自分と向き合いながら旅をする大学生の修学旅行。

✴︎夢だった世界のディズニーランド制覇、アメリカ横断、イギリスの大学に1カ月留学するということだけは出発前に決めていました。

~旅に出掛ける前に~ **BEFORE THE TRIP**

TRAVELER'S VOICE

## 二木俊彦
**DATA:**
375日間の旅／滞在34カ国／男ひとり旅／2010年出発＜当時31歳＞

**A.** ✻ 学生の卒業旅行でアメリカ横断をしたいと思ったのが、長旅に出ようと思ったきっかけ。その後ネットでたまたま『世界一周』と言う文字を見つけて、「行っている人がいるんだ」と思い、また「一般人でも行けるのも」と思ったのが、世界一周しようと決めた最初のきっかけです。
✻ 期間は1年（最終的には375日間）
✻ テーマは『メインの飛行機はファーストクラスから超貧乏旅までの幅のある、世界も中身も広い、誰にもできない世界一周の旅をする！』。
✻ 世界遺産をゆっくりまわりたいことと、日本人がなかなか行かない国への渡航、そしてお金をあまり気にせず「やってみたい！」「食べてみたい！」「見たい！」と言う『経験欲に繋がるものは、すべて体験、体感する！』と決めていました。なのでやりたいことには、基本お金に糸目をつけずに実行した世界一周でした！

TRAVELER'S VOICE

## 吉田有希
**DATA:**
700日間の旅／滞在49カ国／夫婦旅／2007年出発＜当時26歳＞

**A.** ✻ 付き合っていた彼女に「世界一周に行こうよ」と言われたのがきっかけです。新婚旅行として、籍を入れてそのまま出発しました。
✻ 旅のコースは決めていませんでした。期間は一応1年と決めていましたが、コースが決まっていなかったもので、行きたいところに行っていたら2年かかってしまいました。
✻ お互い仕事を辞めてからの出発だったので、帰ってきてからの不安もありました。そこで「旅にテーマを持って行った方が帰ってきたときに何か繋がるだろう」と思い、『Smile Earth Project』を立ち上げ、Tシャツを作り、その売り上げを世界の笑顔にというボランティアの旅をすることにしました。
✻ また、その活動をなるべく多くの方に知ってもらいたかったため、世界一周のブログランキングを意識し、6カ月間ほど1位を維持していました。

Bora Bora / Tahiti
ボラボラ島／タヒチ

BEFORE THE TRIP: 02

# Money

結局、いくら必要なの？

## 結局、いくら必要なの？

text by Ayumu Takahashi

世界一周したいよなぁ。
でもさ、世界一周って、いったいいくら必要なわけ？
オレは、まず、そう想った。

とりあえず、ひとつの例として、オレたちの場合は、約1年8ヵ月の旅で、30
～40カ国くらいを回って、ふたりで計700万円くらい、ひとり350万円く
らいだったかな。

旅のスタイルとしては、一応、ハネムーン！ってこともあって、宿はだいたい
風呂もトイレも付いている、ちゃんとした個室に泊まってたし、食事も屋台
から高級レストランまで、気の向くままに、そのときに食いたいものを食って
たし、ビールや地元の酒もよく飲んでって感じかな。雑貨とかアクセサリー
とか、どうしても欲しいものは買って日本に送ってたし、各地でやりたい遊
びも8割方はやりたいようにやって……という感じの自由な旅だった。バイ
クはよくレンタルしてたけど、他の移動手段は現地の人と同じような方法で
安くまとめてた。

まぁ、参考までに書くと、予算はそんな感じ。

もちろん、これは、オレたちのスタイルで旅した場合の例に過ぎない。
例えば、オレたちと、同じ期間で同じコースを回ったとしても、節約しようと
想えば、半分くらいの予算で充分に回れたと想う。
もし、男ひとり旅で、野宿上等！ 屋台オンリー！ NO ショッピング！ みた
いな旅だったら、いろいろ遊びはやるとしても、ひとり100万円もあれば余
裕だったと想うし。

ぶっちゃけ、オレたちの場合も、予算を貯めるのが一番の苦労だった。
世界一周しよう！って決めたとき、会社の借金が山盛りあって、オレ自身は、

02. MONEY　**53**

ほとんど無一文だったし、さやかがOLしながら貯めてた数十万円の貯金が
あるだけっていう状態からのスタートでさ。
あとは、家賃の安い家に住みながら、売れる持ち物はどんどん売って、やれ
る仕事はなんでもやって、休みの日には日雇いの土方や引越しバイトまでし
ながら、気合系で貯めてた。まぁ、それでも足りない分は、結婚式の祝儀や
二次会の利益まで、すべてブチ込んで……っていう感じだったな（笑）。

まぁ、世界一周はリッチな人しかできないなんて言う人もいるけど、オレは
ピンとこないな。だって、リアルな話、無一文から貯めるとしても、例えば、
1年間だけ貧乏しながらガッツリ働いて貯金さえすれば、1年後には世界一
周に出発だ！ いぇい！ なわけだし、1年くらい頑張るのなんて楽勝じゃな
い？って、オレは想ってたけどな。
中古でちょっといいクルマ買うのと、そんなに変わらない金額だしさ。


まぁ、旅のコースや期間やスタイルは全員違うわけで、「世界一周するにはい
くら必要なんだろう？」っていう発想はナンセンス。

自分の旅の予算を考える上で、大きく分けると、ふたつの方向があると想う。

まずは、オレたちみたいに、所持金が最初から決まっているパターン。金が
なくなったら帰ってこようっていうノリで出発して、自分の所持金にあわせ
て、コースや期間を調整しながら旅をするっていうのがひとつ。

もうひとつは、あらかじめ、だいたいのコースや期間を決めた上で、この本
を参考にしたり、それぞれの国のガイドブックを見たりしながら、大まかな
予算を計算して、必要な金額を貯めてから出発するっていうパターン。

まぁ、この本に紹介されている世界一周経験者の予算の実例や、世界一周
航空券の値段なんかも参考にすれば、かなりリアルに自分なりの旅の予算
を描けると想うから、興味のある人は、ぜひ。

2. Money 結局、いくら必要なの？

# VOICE 世界一周経験者たちの声！

## Q. QUESTION: 02

世界一周するのに、ぶっちゃけ、いくらかかりましたか？
わかる範囲で構わないので、大まかな内訳なども教えてください。そして、これから予算を組んでいく人へのアドバイスなどがあればお願いします。

~旅に出掛ける前に~ **BEFORE THE TRIP**

TRAVELER'S VOICE

## Sachiko
**DATA:** 226日間の旅／滞在19カ国／女ひとり旅／2001年出発＜当時21歳＞

**A.** ✱旅の予算は、226日間の女ひとり旅で、ちょうど100万円でした。あまりお金に頓着しない性格なので、正確な記録は残っていませんが、準備段階で世界一周航空券がソウル発で219000円、ワクチンなどに5～6万円、バックパックに13000円ほどかかりました。先進国と途上国を平均した1日の生活費を4000円程度に設定したと思います。
✱予算を組む上でのポイントは、先進国と途上国の滞在期間のバランスを考えること。欧米は宿泊費や交通費がかかるので、現地に友人がいるとかなり節約できると思います。それから、何月にどのあたりにいるということを前もって計画しておくと、無駄な衣類を持たずにすむと思います。

TRAVELER'S VOICE

## 樽家彰宏＆愛
**DATA:** 1029日間の旅／滞在101カ国／夫婦旅／2001年出発＜当時33歳（夫・妻共）＞

**A.** ✱旅で使ったお金は、2人で2年10ヵ月間の旅をして、合計で635万円です。出発時に、1人1日3000円という予算を組みました。2人とも、もうあまり若くない30代ということで、宿は最低ではないランクで、お酒もほどほどに飲んで、食事もそんなに切り詰めないで、というレベルをキープしていました。結果はほぼ予想通り、航空費など込みで1人1日3089円でした。アジアだけならもっと安いし、ヨーロッパならこんな予算では無理ですが、世界一周なら1日3000円というのはいい線だと思います。
✱内訳としては、航空券・デジカメ購入などで135万円（飛行機はあまり乗らなかったほうですが、それでも結構かかりました）。ビザ代が40万円（アフリカを細かく回ったのでビザ代が非常にかさみました）。その他、宿・食費・観光・ツアーなどで459万円。

TRAVELER'S VOICE

## 小崎達二
**DATA:** 141日間の旅／滞在21カ国／出発時はひとり旅、途中から女性と同行(今の妻)／2002年出発＜当時28歳＞

**A.** ✱予算としては、約7ヵ月間の旅で、約120万円です。内訳は、「スターアライアンス世界一周航空券:35万円」「宿泊代:30万円」「航空券以外の交通費:20万円」「食事・雑貨:35万円」といったところです。
✱予算を組む上でのアドバイスとしては、必ずかかる交通費を優先して考えた方が良いという点です。宿代はピンキリですので、持ち金に余裕があれば、そこそこ良いシングル、なければ小汚いドミトリー（カイロでは1泊160円で宿泊したことも）と、現地で調整が利きますから。本当にきつければ野宿すれば済むことです（ドイツとフランス国境で野宿を敢行。各国の国境は警察が大勢いるので安全でオススメな野宿ポイントですよ）。

TRAVELER'S VOICE

## 鹿島光司
**DATA:** 204日の旅／滞在21カ国／男ひとり旅／1999年出発＜当時21歳＞

**A.** 204日間の旅で、航空券が10万円前後、旅行費用全部含め合計で約60万円でした。内訳は定かではありませんが、おそらく一番使っているのは交通費でしょう。それよりちょっ

02. MONEY 57

と安いのが宿泊費、そして食費という感じだと思います。あまり物価の高くない地域を選んで旅をしていましたので、比較的ローコストではないかと思っています。トータルして考えると、生活に使う額は日本で暮らすのとそんなに変わらないと思います。まぁ、あとは、お金があればあるほど、現地での観光が充実したり、おいしく清潔なものが食べられたり、気持ちよく寝られたりするということです。

TRAVELER'S VOICE

## 渡邊賢

**DATA:**
140日間の旅／滞在27カ国／男ひとり旅／2003年出発＜当時31歳＞

**A.**
✻ 旅の予算としては、140日間の旅をして、約160万円でした。
✻ 世界一周航空券：スターアライアンス34000マイル、約42万円（空港使用税等含）。
✻ 保険：4ヵ月で約5万円。結局、一度も使いませんでしたが、すごく安心感がありました。
✻ 現地交通費：約20万円。鉄道、バス、レンタカー、レンタルバイク、ボートなど。ユーレイルパスなどは使わず、そのときに乗りたいもの、乗れるタイミングで利用したので自由度は高いけどお金は使いました。
✻ 宿泊費、食費：140日間で約40万円。アジア・エジプト・中米で1日2000円、ヨーロッパ・アメリカでは4000～6000円程度。最安はエジプトで160円。最高は奥さんと泊まったマリオットホテルで15000円（1人だと7500円ですが……）。
✻ 日本へのお土産：送料込みで約10万円。日本への航空便 4回使って、送料が約4万円。
✻ ネットカフェ使用料：約5万円。情報収集と奥さんとの通信用に2～3日に1回、1時間前後。安い国（タイ）で1時間100円程度、高い国（ノルウェー）では1時間800円程度。
✻ 各観光施設の入場料：約10万円。どこの国でも物価に関わらず500円～1000円程度は取られました。

TRAVELER'S VOICE

## せつはやと＆たしろさないち

**DATA:**
370日間の旅／滞在25カ国／カップル旅／2002年出発＜当時29歳＆28歳＞

**A.**
✻ 当時、僕らは29歳と28歳。会社を辞めて行きました。「ワンワールド五大陸ビジネスクラス」という世界一周旅行券を使いました。当初より1日1万円＝365万円の予定で出発し、2人で約700万円の予算でした。結果から先にいうと、2人で約640万円でしたので、少し余りました。ただし、これははっきりいって遣い過ぎです。ひとり350万という金額は、バックパッカーから見るとかなり高い金額です。ふつうのバックパッカーはこの半分以下で行くでしょう。つまり1日5000円。金額的に言うとひとり200万もあれば、僕らのコースなら普通に世界一周できると思います。僕らがこれだけお金がかかった理由は……
● オーロラツアーやスキューバというお金のかかるアクティビティをした。
● 治安の悪い地域でのホテルは高めに泊まる（2人でUS50$くらい）。
● 鉄道が好きなので、ホテルトレインやちょっといい電車に乗ったりもした。
● ルートの問題。アメリカやイングランドなどの物価の高い国や、カリブにも行ったから。
● おいしいものをとにかくたくさん食べた。
● これは！ というときは、いいホテル（2人でUS100$くらい）にも、ちゅうちょなく泊まった。
✻ あと補足ですが、忘れがちなのが、日本に置いていくべきお金です。僕らの場合は、日本で借りっ放しのアパート代、会社を辞めてから旅行に行くまでの生活費、帰国後に働き出すまでの生活費、前年の住民税、海外旅行保険代などがありました。

~旅に出掛ける前に~ **BEFORE THE TRIP**

TRAVELER'S VOICE

### 吉村健二
**DATA:**
362日間の旅／滞在45カ国／男ひとり旅／2001年出発＜当時26歳＞

**A.** ✻ 旅の予算は、1年間の男ひとり旅で、100万円です。内訳は、「交通費　40％」「食費　20％」「宿代　20％」「ビザ　10％」「その他（土産等）　10％」。
✻ 東南アジア、南アジアは月1～2万円で十分滞在できます。中東、アフリカは、ひと月2～3万円前後。移動すればするほど高くなります。僕の場合はひとつの国、2週間が平均だったので移動費は、食住費と同じぐらいになりました。

TRAVELER'S VOICE

### KIKI
**DATA:**
85日間の旅／滞在14カ国／女ひとり旅／2002年出発＜当時27歳＞

**A.** ✻ 世界一周航空券が33万円。その他が60万円くらいなので、計100万円弱でしょうか。そのうち、お土産とそれを日本へ送る費用が10万円はかかっているかと思われます。
✻ 予算は少なくても倹約すれば結構持つとは思うのですが、やっぱりあればあるほど行動力などに幅がでると思うので、貯められるなら多いに越したことはないかと…

TRAVELER'S VOICE

### 古谷沙緒里＆眞木聖未
**DATA:**
123日間の旅／滞在19カ国／女ふたり旅／2006年出発＜当時26歳（ふたり共）＞

**A.** ✻ 123日間で、おそらくひとり総額170万円程度。
✻ 事前の支払いとして、航空券42万円、移動後初日の宿代、ヨーロッパ2カ月間のユーレイルパス代、マチュピチュ列車＋入場券代、ナスカ地上絵セスナ代、ペルー送迎宿代、エジプト宿代、ピラミッドツアー代、エアーズロック宿泊代、保険を含む金額で115万円。
✻ CITYBANKカードに60万円、トラベラーズチェックで10万円、ドルでいくらかの手持ち金で、旅中の宿泊代や食費、現地ツアー、お土産代を支払っていました。10万円ほどカードで残りました。
✻ 宿代はベトナムの1日700円～ミラノの4000円と様々でしたが、その時の体調など自分たちのコンディションによってドミトリーと個室とを使い分けていました。
✻ 仕事をしながらの準備だったので、事前の手配は全て旅行代理店にお任せしました。事前支払い分の宿やツアー代は、自分で予約すればもっと予算を抑えることができると思います。

TRAVELER'S VOICE

### 菅野翼
**DATA:**
370日間の旅／滞在32カ国／女ひとり旅（時には仲間と）／2013年出発＜当時24歳＞

**A.** ✻ 370日間のひとり旅で、約200万円かかりました。
✻ 準備金として、「カメラ12万円」「PC5万円」「予防注射6万円」「バックパック2万円」「海外保険14万円」「その他5万円」かかりました。
✻ 旅先では、「アジア4カ月40万円(うちオーストラリア10日で10万円)」「中東・ヨーロッパ2カ月30万円」「南米4カ月40万円」「中米・北米3カ月30万円」かかりました。

02. MONEY　59

### 菊池永敏＆麻弥子

**DATA:**
1096日間の旅／滞在73カ国／夫婦旅／2000年出発＜当時28歳＆25歳＞

**A.** 2人の合計で、約420万円でした。1日1人あたりの内訳は、「アジア 1200円」「ヨーロッパ 3300円」「西アフリカ 1380円」「中部アフリカ 2180円」「南部アフリカ 3000円」「東・北アフリカ 1700円」「中米 2550円」「南米 2780円」といったところです。これには、宿泊、移動、食事、ビザ代金等の全てが含まれており、飛行機やツアーを多く使用している地域は単価が高くなっていますので、あくまで参考数字です。やはり、アジアが一番安く旅ができました。お金を持つアドバイスとしては、現金：トラベラーズチェック＝3：7、または危険地域は2：8で持つと良いと思います。

TRAVELER'S VOICE

### 清水直哉

**DATA:**
90日間の旅／滞在14カ国／男ひとり旅／2009年出発＜当時21歳＞

**A.** ✻90日間、14カ国、男ひとり旅で【70万円】くらいでした。
✻ワンワールドの世界一周航空券4大陸が40万円くらい（当時は今よりちょっと安かった）、そのほかの移動費や、宿泊費、食事代などを全部合わせて30万円くらいです。旅費は1日3000円くらいを平均に考えていました。3000円だとあまり物価の高い国は無理だなと思ったので、昔旅したことあるヨーロッパなど物価の高いところは外して、物価の安いところを中心に旅をしました。
✻1日3000円くらいで計算すると、そこまで贅沢はできない旅になります。宿は基本的に安いゲストハウスや、日本人宿。ご飯も現地の安いものばかりを食べていました。ただ、ビールは毎日飲んでいました。
✻アドバイス　お金はあればあるほどもちろん楽しめると思います。なので、もしお金をがっつり貯められる時間があるなら、しっかりと貯めて旅にでることをオススメします。ただ、逆にお金があまりなくても、旅はできます。物価の安いところを旅するとか、カウチサーフィンなどを使って宿泊費を浮かすとか、旅しながら収入を得る工夫をするとか、1泊100円くらいの安宿を探すとか。なので、お金がないのを理由に旅に出ないっていう選択はしてほしくないなと思います。

~旅に出掛ける前に~ **BEFORE THE TRIP**

TRAVELER'S VOICE

### 吉田有希
DATA:
700日間の旅／滞在49カ国／夫婦旅／2007年出発＜当時26歳＞

**A.** ✻ 旅の期間は約700日、滞在国数49カ国、夫婦ふたり旅でした。
✻ 準備から帰国まで510万円ほどかかりました。400万円を持ち出し、準備に110万円ほど。《準備内訳 ひとり分》……「海外旅行保険20万円（1年10万円）」「予防接種5万円」「バックパック等の持ち物準備5万円」「1カ国目出発航空券5万円」「住民税支払い約20万円」…ひとりあたり合計55万円、ふたり分で110万円。
✻ 準備にかかるお金はかなり個人差があると思いますが、わりとお金がかかることを見落としがちの方が多いです。出発直前に準備を始めて、気が付いたら出発資金がなくなってしまう話もたまに聞きます。特に現在所得がある方は、仕事を辞めても1年分の住民税がかかってきます。これは払っていかなければいけないということを知らない方が多いです。所得や住んでいる地域にもよりますが、普通のサラリーマンにとってはかなりの出費になると思います。

TRAVELER'S VOICE

### 中里和佳
DATA:
210日間の旅／滞在27カ国／女ひとり旅／2013年出発＜当時22歳＞

**A.** ✻ 7カ月、27カ国、ひとり旅で150万円。飛行機代で50万円～60万円しました。
✻ 私はヨーロッパに長くいたので結構お金がかかりましたが、ヨーロッパはお金を持って遊びに行くところだと思いました。なので、お金がない世界一周では、南米やアフリカなど日本から遠くて物価の安い国を重点的にまわることをオススメします。

TRAVELER'S VOICE

### 浦川拓也
DATA:
120日間の旅／滞在20カ国／男ひとり旅／2013年出発＜当時21歳＞

**A.** ✻ 4カ月、20カ国、北中南米メインで120万円くらい。かなりお金をかけている方だと思います。
✻ キャンピングカーでアメリカ横断したり、現地のツアーに参加したり、疲れたらケチらずタクシーを使ったり、シャレたレストランで食事をしたりと、あまり節約はせず好きなことをしていました。「せっかく来たのだから」という精神でやりたいことは我慢せずにやるスタンス。ひとつの場所に長期滞在するよりは、急いで多くの場所をまわっていたので交通費がかなりかさみました。滞在費は平均で1日2～3000円くらい。
✻ 資金は、出発の前年に奨学金を取り、120万円そのまま使いました。

TRAVELER'S VOICE

### 二木俊彦
DATA:
375日間の旅／滞在34カ国／男ひとり旅／2010年出発＜当時31歳＞

**A.** ✻ 375日間、34カ国、男ひとり旅で、総額は330万円。
✻ 内訳：「飛行機代140万円（ワンワールド5大陸　ファーストクラス、サーチャージ込み）」「LCC等30万円位」「宿代1泊1000円程度（50円～2万円位まで。野宿除く）」「食事代100円～5000円」

# MEMO 参考メモ

## 「世界一周航空券」とは？

世界一周航空券。それは夢のような航空券です。「無制限、無期限に世界中どこにでも行ける魔法のようなチケット」というわけではないですが、同じグループの航空会社であれば、最大16回飛行機に乗れて、有効期限も最長1年、さらにマイルもたくさん貯まる！　と、自由旅行者には特にオススメのチケットです。現在、主な航空券は、Eチケットという電子チケットになっているので、昔のようにずっしり重い航空券の束を持ち運ぶ必要がなく、A4プリント用紙1枚でスマートに世界一周ができるようになっています。

現在、日本で発売されている世界一周航空券の代表的なものに、全日空、ユナイテッド航空がメインの「スターアライアンス世界一周航空券(スターアライアンス)」、日本航空、アメリカン航空がメインの「ワンワールドエクスプローラー（ワンワールド）」、デルタ航空、エールフランスがメインの「スカイチーム世界一周航空券（スカイチーム）」などがあります。それぞれ料金やルールは異なりますが、「同一方向に大西洋と太平洋を必ず1回横断すること」「有効期限が1年以内」「全旅程のルート、フライトを出発前に決める必要がある」ということは共通しています（2015年現在）。

「全旅程のルート、フライトを出発前に決める」と聞くと、自由に旅ができない……といったイメージを持つかもしれませんが、そんなことはありません。決める必要があるのは、あくまでもベースとなる航空券の部分だけ。長距離の移動や主要ルートを「世界一周航空券」で組んで、それに各自で様々な移動手段を加えていけば、オリジナルの自由な旅が組み立てられます。さらに出発後に「やっぱりあの国にも行きたいな」とか「やっぱり自分で電車やバスを使って移動したいな」といった航空券のルートや滞在都市の変更も、わずかな手数料でできてしまうのです。

さらにルートを決めてあれば、有効期限内は旅先での気分次第で搭乗日を自由に変更ができるので、どの国にどのくらい滞在するかは、自分次第。自由気ままな旅ができます。日付変更やルート変更も一切不可といった格安航空券が主流の中、臨機応変にフレキシブルな旅ができるこの世界一周航空券は魅力たっぷりです。

世界一周航空券の価格面での特徴としては、「季節による料金変動がなく、1年中同料金」ということがあります。特にオンシーズン（ゴールデンウィーク、夏休み、正月）で格安航空券の料金が跳ね上がっている時期でも、世界一周航空券の料金は変わらないので、逆にこの時期にしか旅ができない人には大きなメリットがあります。

また、現地で格安航空券を買い足しながら世界一周する方が安いのでは？　と思う人も多いかもしれませんが、南米やアフリカなど航空券が高い地域を旅行するのであれば、世界一周航空券でまとめて世界一周した方がほとんどの場合、割安になります。さらに往復航空券が高い地域を旅行する場合など、例えば「イースター島のモアイが見たい！」といったケースだと、通常往復チケットだけで

も20万円後半はするので、だったら、世界一周航空券の中にイースター島をうまく組み込めば、イースター島往復の料金とほとんど同じ金額で、世界一周ができてしまうのです。

次に、海外発券について。世界一周航空券は日本だけの販売・商品ではありません。基本的に世界中どこでも買うことができます。ただし購入する国によって、料金、ルール、種類が大きく違っているので注意が必要です。なお海外発券のメリットとして、日本で買うより料金が多少安い国もちらほらありますが、ルールや料金改定で大幅に値上げされてしまうことも多く、情報の鮮度が大切。円安の影響で日本発はかなり安くなっているのでビジネスクラス、ファーストクラスの世界一周航空券では、海外発券のメリットは薄れていますが、エコノミークラスの利用であれば、オーストラリアなどでの発券がやや安いことも。ただしその国から世界一周航空券を使い始める必要があるため、一度、その国に行くためのコストと時間が別途かかるということをお忘れなく。

以上のように、細かいルールや、多少の制限はありますが、基本的には自由にルートが組めて、出発後の変更も自由にできるということで、主に飛行機を使った世界一周を考えている人には非常に便利な航空券です。

---

世界一周航空券を使った旅をリアルにイメージしてみよう、ということで、次項より10パターンのルート例を組んでみました。これらの例も参考にしながら、自分の欲求にあわせて、オリジナルのプランを組んでみては？

興味のある人は、この本の制作にも協力していただいた、世界一周航空券の専門店「世界一周堂」に、アクセスしてみるのもいいと思います。プランの立て方から購入手続まで、丁寧に相談に乗ってくれるそうですよ。

> ## 「株式会社 ウェブトラベル世界一周堂」
> URL：http://www.sekai1.co.jp/
>
> 世界一周航空券専門家　角田直樹
> 「世界一周堂」代表。世界一周旅行のスペシャリストとして、2015年現在、20,000以上の世界一周ルートの提案、4,000人以上の世界一周旅行者をサポートしている。

# MEMO 参考メモ

# 世界一周航空券を使う旅10

## 10 SAMPLES

PRESENTED BY 世界一周堂

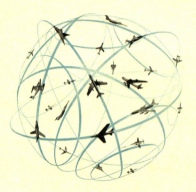

<注>
※サンプルはエコノミークラスご利用の値段です。
※TAX等の諸費用（各国出国税・空港施設利用料・航空保険料・燃油サーチャージ等）が別途かかります。
※サンプルは日本発の世界一周航空券の値段。各自移動費用・ホテル代・現地費用等は含まれておりません。
※世界一周航空券のルール、価格改訂が実施された際は、上記内容・値段で適用できない場合があります。

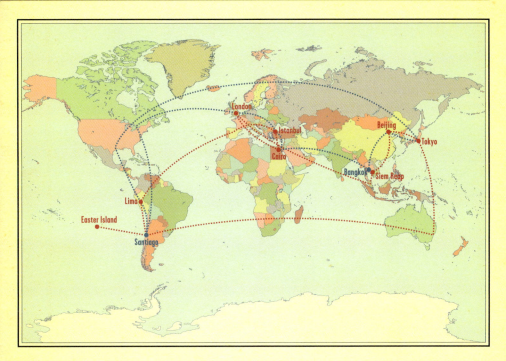

### SAMPLE 01　世界の七不思議に触れたい！

ナスカの地上絵、万里の長城、ピラミッド、モアイ像、アンコールワット、ストーンヘンジ、聖ソフィア大寺院……など、世界の7不思議と呼ばれるスポットを制覇するミステリールート。

#### ‥‥ワンワールド利用：4大陸　**36**万円

東京→北京→(香港経由)→シェムリアップ→(クアラルンプール経由)→ロンドン→カイロ/各自移動/イスタンブール→(マドリット経由)→リマ→(サンチアゴ経由)→イースター島→(サンチアゴ・シドニー経由)→東京
※カイロからイスタンブールへは各自移動

#### ‥‥スターアライアンス利用：34000マイル内　**40**万円

東京→北京→バンコク→カイロ→イスタンブール→ロンドン→(トロント経由)→サンチアゴ→リマ→(ヒューストン経由)→東京
※バンコクからアンコールワットへは各自移動
※サンチアゴからイースター島は各自移動

# MEMO  参考メモ

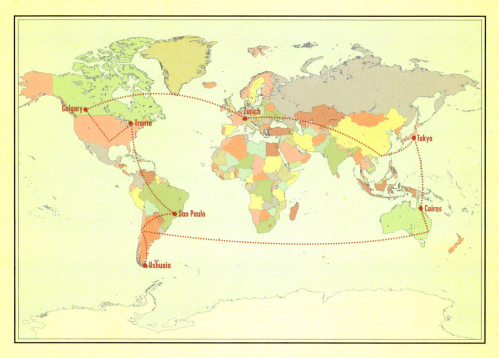

SAMPLE 02  **世界の大自然を身体で感じたい！**
スイスアルプス、カナディアンロッキーなどの山々に始まり、アマゾン川、ナイアガラといった川や滝、そして、グレートバリアリーフの珊瑚礁なども楽しめて、果てはアルゼンチンから出掛ける南極探検まで……。世界中の大自然を満喫できる世界一周ルート。

**・・・・ワンワールド利用：5大陸　43万円**

東京→(香港経由)→チューリッヒ→(ロンドン経由)→カルガリー→(ダラス経由)→トロント→サンパウロ→(サンチアゴ経由)→ウシュアイア(南極観光の拠点)→(サンチアゴ・シドニー経由)→ケアンズ→東京

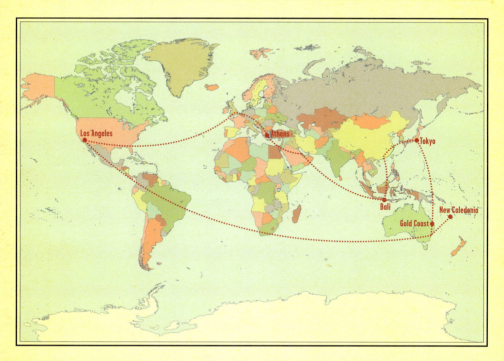

SAMPLE 03

### 世界のリゾートをまわって南国ライフを堪能したい！

サーフィンで大人気のゴールドコーストや、天国に一番近い島ニューカレドニアなど、世界の至極のビーチめぐり。これぞ、究極の南国リゾート満喫、世界一周ルート。

**・・・・グローバルエクスプローラー利用：34000マイル内　　43万円**

東京→ゴールドコースト→（シドニー経由）→ニューカレドニア→（シドニー経由）→ロサンゼルス→（ロンドン経由）→アテネ→（ドーハ経由）→バリ島→（香港経由）→東京

02. MONEY 67

# MEMO 参考メモ

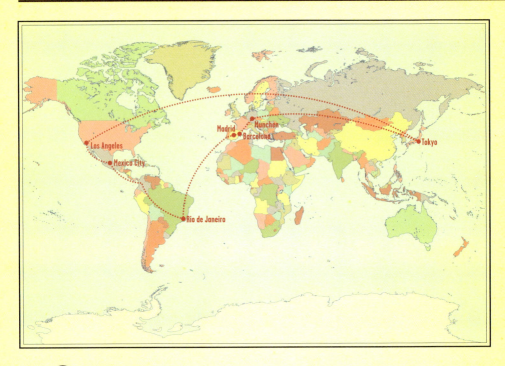

SAMPLE 04

## 世界中のあらゆる祭りに参加したい!

リオのカーニバルに始まり、ミュンヘンのオクトーバーフェスト、スペインの牛追い祭り＆トマト祭り、メキシコのカーニバルから、アメリカのハロウィンまで、お祭りマニアのための世界一周ルート。

### ‥‥スターアライアンス利用：29000マイル内　　34万円

東京→ミュンヘン→バルセロナ／各自移動／マドリット→（リスボン経由）→リオ デジャネイロ→（ボゴタ経由）→メキシコシティー→ロサンゼルス →東京
※バルセロナからマドリットへは各自移動

68　WORLD JOURNEY

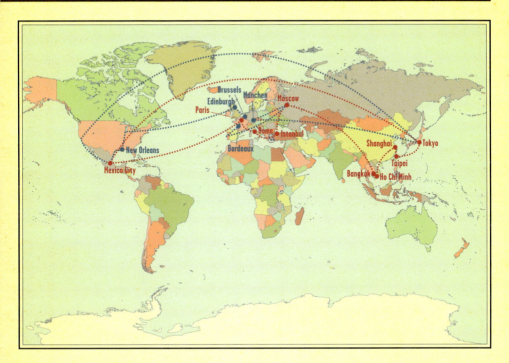

 SAMPLE 05

## 世界中の料理を食べ尽くしたい！
## 酒を飲み尽くしたい！

**①世界中のおいしい料理を食べ尽くしたい！**
中華に始まり、ベトナム＆タイ料理、ロシアにトルコに、イタ飯、フレンチと続き、メキシカンまで、世界一周グルメ三昧ルート。

・・・・**スカイチーム利用：29000マイル内　40万円**

東京→台北→上海→ホーチミン→バンコク→モスクワ→イスタンブール→ローマ→パリ→メキシコシティー→東京

**②世界中の旨い酒を飲み尽くしたい！**
ドイツとベルギーでビールを、フランスでワインを、スコットランドでスコッチを、アメリカ南部でバーボンを、ロシアではウォッカを飲み、メキシコではテキーラをどうぞ……。世界中の酒を本場で楽しみたい人のための世界一周ルート。

・・・・**スターアライアンス利用：29000マイル内　34万円**

東京→ミュンヘン→モスクワ→（リスボン経由）→ボルドー／鉄道／パリ→ブリュッセル→エディンバラ[スコットランド]→（シカゴ経由）→ニューオリンズ→（ヒューストン経由）→メキシコシティ→（サンフランシスコ経由）→東京
※ボルドーからパリへは各自移動

02. MONEY  69

# MEMO 参考メモ

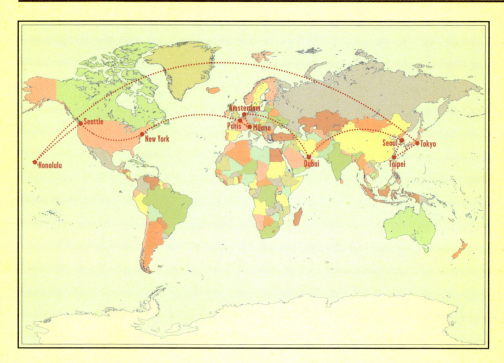

SAMPLE 06

## 世界中でショッピングを楽しみたい！

世界中の都市でショッピングを堪能しながら、観光もおもいっきり楽しめる世界横断買い物ルート。

**・・・・スカイチーム利用：29000マイル内　40万円**

東京→ホノルル→シアトル→ニューヨーク→パリ→ミラノ→（アムステルダム）→ドバイ→ソウル→台北→東京

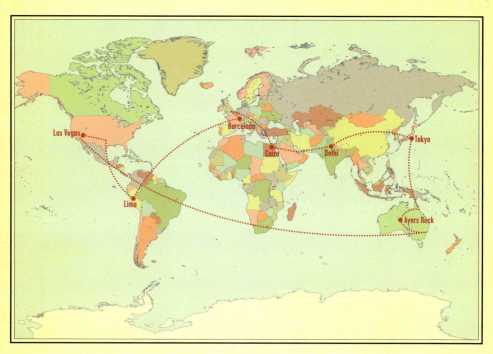

SAMPLE 07

### 世界遺産を巡りたい！

エアーズロック、グランドキャニオンに始まり、マチュピチュ、ピラミッド、タージマハルから、ガウディー建築まで、世界遺産をじっくりと堪能できる世界一周ルート。

**・・・・ワンワールド利用：5大陸　　43万円**

東京→（ケアンズ経由）→エアーズロック→（シドニー・ロサンゼルス経由）→ラスベガス→（ダラス経由）→リマ→（マドリット経由）→バルセロナ→（ロンドン経由）→カイロ→（ドーハ経由）→デリー→東京

02. MONEY　71

# MEMO  参考メモ

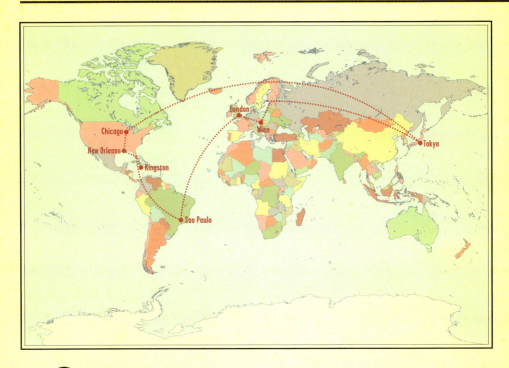

### SAMPLE 08  世界中の音楽を現地でナマで楽しみたい！

ウィーンでクラシックを、ブラジルでサンバを、ジャマイカでレゲエを、ニューオリンズでジャズを、シカゴでブルースを……。その他、世界中のさまざまな音楽を現地でナマで楽しみたい人のための世界一周ルート。

### ･･･ワンワールド利用：4大陸　36万円

東京→(ヘルシンキ経由)→ウィーン→ロンドン→サンパウロ→(マイアミ経由)→キングストン→(マイアミ経由)→ニューオリンズ→シカゴ→東京

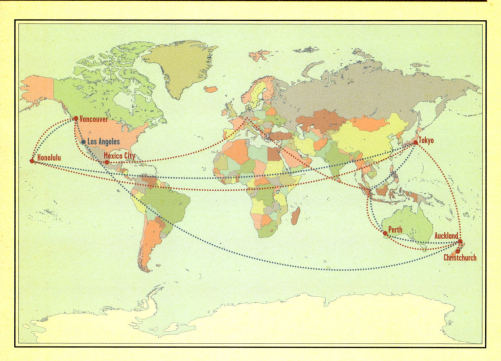

SAMPLE 09

### 世界中のイルカ・クジラと泳ぎたい！

ハワイ、カナダのヴィクトリア、メキシコのラパス、ニュージーランドのカイコウラ、オーストラリアの西海岸から、小笠原諸島まで……。世界中のイルカ＆クジラの集まる海をめぐる世界一周ルート。

#### ····スターアライアンス利用：34000マイル内　40万円

東京→ホノルル→バンクーバー→メキシコシティー→（フランクフルト・シンガポール経由）→パース→オークランド→クライストチャーチ→（オークランド経由）→東京
※メキシコシティーからラパスまでは各自移動

#### ····スターアライアンス サークルパシフィック利用：26000マイル内　43万円

東京→ホノルル→バンクーバー→ロス→（オークランド経由）→クライストチャーチ→オークランド→パース→（シンガポール経由）→東京
※ロスからラパスまでは各自移動
※「サークルパシフィック」を利用した太平洋周遊コース

# MEMO 参考メモ

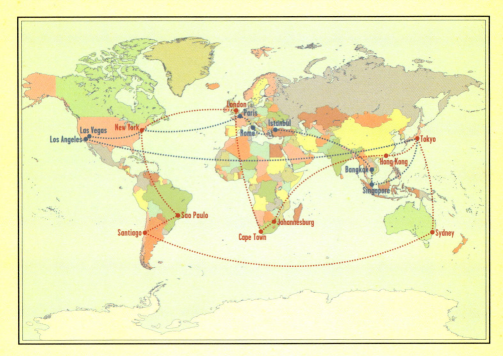

SAMPLE 10

## 1ヵ月間で世界一周したい！
（30日間世界一周プラン）

①アジア、アフリカ、ヨーロッパ、北米、南米、オセアニア……全部行こう！欲張り世界一周プラン
・・・・ワンワールド利用：6大陸　**50**万円

東京→香港→ヨハネスブルグ→ケープタウン→ロンドン→ニューヨーク→サンパウロ→サンチアゴ→シドニー→東京

②初海外でも大丈夫！人気都市満喫世界一周プラン
・・・・スターアライアンス利用：29000マイル内　**34**万円

東京→ロサンゼルス→ラスベガス→ニューヨーク→パリ→（チューリッヒ経由）→ローマ→イスタンブール→バンコク→シンガポール→東京

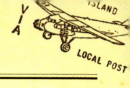

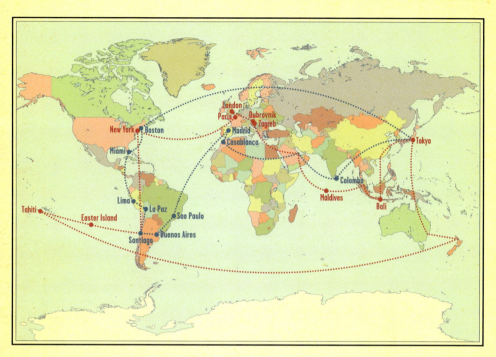

 SAMPLE 10

## 1ヵ月間で世界一周したい！
## （30日間世界一周プラン）

③ハネムーンにおすすめ！ ラブラブ世界一周プラン

**・・・・グローバルエクスプローラー利用：34000マイル内　43万円**

東京→（シドニー・オークランド経由）→タヒチ→イースター島→（サンチアゴ経由）→NY→パリ→（ロンドン）→ドブロブニク／各自移動／ザグレブ→（ドーハ経由）→モルジブ→（クアラルンプール経由）→バリ島→（香港経由）→東京

※ドブロブニクからザグレブへは各自移動

④オレならこう行く！ 世界一周堂代表による2015年イチ押し世界一周プラン

**・・・・ワンワールド利用：4大陸　36万円**

東京→ボストン→マイアミ→リマ→ラパス→サンチアゴ→ブエノスアイレス→サンパウロ→マドリット→カサブランカ→（ドーハ経由）→コロンボ→東京

02. MONEY　75

CAPPADOCIA / TURKEY
カッパドキア／トルコ

BEFORE THE TRIP: 03

# Baggage

どんな荷物を持って行くとベスト？

## どんな荷物を持って行くとベスト？

text by Ayumu Takahashi

オレたちのバックパックは、とにかく大きかったぜ。
旅中に、オレたちより大きな荷物を持ってる旅人を見たことがない！（笑）

ガイドブックには、よく、「軽い荷物が旅を楽しむコツうんたらかんたら」なんて書いてあるけど、オレは反対だったな。

CDウォークマンとミニスピーカー、ミニラジカセ、そして厳選された48枚のCD。
デジカメ、デジビデ、ノートパソコン、充電のための変圧器やタコ足。
そして、バックパッカーズギターとハーモニカ数本。
日本で買い込んだ文庫本十数冊。
スケッチブックやクレヨンセットから、釣竿やお気に入りのライターや灰皿まで……。

もうほとんど「動く自分の部屋」状態で、持てる限界まで遊び道具をいっぱいいっぱい詰め込んで、世界をハッピーに放浪してた。

だって、「このシチュエーションでこの曲を聴きたい！ この本を読みたい！絵を描きたい！ 唄いたい！……」とかって、めちゃくちゃ大事じゃん。

それに比べたら、移動のときのバックパックの重さなんて、眼中ないよ。

03. BAGGAGE

お気に入りのぴかちゅーノートとデジカメは、いつもポケットに入ってた。

旅をしながら、やることなくて暇なときは、感じたことや想ったことをノートに書き殴ったりしてたし、路上を歩きながら、「いいじゃん！」と感じるシーンに出逢ったときは、デジカメのシャッターを押したりしてた。

やっぱり、旅中って、自分の心の真ん中っていうか、根っこの部分が刺激される機会が多かったから、無意識のうちに、よく撮ったり書いたりしてた。

あと、デジカメは、旅先で友達を作るのにも役立った。
撮ったその場で一緒に見ることができるから、すごく楽しかった。
でも、今だったら、オレは絶対に小型のポラロイドカメラ（「チェキ」など）を持って行くね。その場で、撮った写真をあげることができたら、さらに最高だろうし。
特に、世界中で出逢った子どもたちは本当に喜んでくれると想うな。

写真という意味では、旅先で出逢った人に見せるために、自分の家族の写真、友達の写真、住んでいる場所の写真、職場の写真なんかを持って行ったのもよかった。海外の人に、そういう写真を見せながら話すと、日本でのオレの暮らしを想像しやすいだろうし、みんな興味深そうに見てくれてたよ。

オレたちにとって、音楽もすごく大事だった。
特に、宿の部屋でさやかとふたりで過ごす時間や、お気に入りのビーチで
まったりするときは、やっぱり、いい音楽を聴きたかったし。

今だったら、絶対にi-podを持って行く。だって、CD1000枚分くらい、あ
のちっちゃなマシーンに入るわけだし、これは絶対でしょ。オレは厳選した
CDを48枚、常に持ち歩いていたけど、やっぱり、かさばるし重かったもん。
大型の電気店に売ってる世界共通の変圧器を持っていけば充電もできるしね。

でも、現地で買ったテープを聴くためのミニラジカセも重宝したな。やっぱ
り現地の音楽も聴きたいし、テープはテープの独特の味があるしね。
電池は世界中で買えるから心配ない。

あと、文字どおり、音を楽しむっていう意味では、聴くだけじゃなくて、演奏
するほうもいいよね。オレはバックパッカーズギターっていう旅用の小さな
ギターとブルースハープを持って旅をしていたけど、あれは本当にあってよ
かったと想う。
路上でも、宿でも、気の向いたときに弾き語りしてて、ずいぶん友達ができ
たしね。
楽器に限らず、言葉を超えて自分を表現できるツールを持って行くと、より
楽しめると想うぜ。

まぁ、でも、ぶっちゃけた話、荷物なんてどうにでもなるよ。
究極の意味で言えば、必需品はパスポート＆お金だけで、それさえあれば、
旅は続けられるわけだしさ。
後は、思いつきとアドリブで、ぜんぜんオッケーだと想うよ。

BLUE HOLE / BELIZE
ブルーホール／ベリーズ

3. Baggage  どんな荷物を持って行くとベスト?

# VICE 世界一周経験者たちの声!

**Q.** QUESTION: 03

世界一周の旅グッズとして、重宝したものは何ですか?
「これを持って行ってよかった、役に立った」というものがあれば教えてください。

～旅に出掛ける前に～ **BEFORE THE TRIP**

TRAVELER'S VOICE

### 鹿島光司
**DATA:**
204日の旅／滞在21カ国／男ひとり旅／1999年出発＜当時21歳＞

**A.** ✻ まずは、バックパックにかける鍵です。これがあったおかげで、安心してインドの電車の中でも寝ることができたのではないかと思います。これは番号式の鍵で、東急ハンズで出発前に購入したものです。
✻ 旅の途中で他の人が持っていて便利だなと思い、自分も買ったものとしては、ハンディタイプの電熱器です。プラスチックの柄に、電球の中の電熱線が大きくなったような発熱する部分がくっついた単純なものです。水を入れたカップにざくっと差し込んでコンセントに入れると、お湯が沸きます。カップも自前のを持っていましたので、紅茶、スープ、ゆで卵など結構活躍してくれました。

TRAVELER'S VOICE

### 渡邊賢
**DATA:**
140日間の旅／滞在27カ国／男ひとり旅／2003年出発＜当時31歳＞

**A.** ✻ たいていのものは現地で買えるので、「手ぶらで出発」に挑戦すれば良かったと思いました。
✻ 日用品、ハイテク機器に関わらず質と耐久性を考慮したら、今、世界中で一番安く手に入るのは日本なのでは？ とも感じましたが……。デジカメやメモリーカードなどは日本で買って行くのが最も安いと感じました。そんな中で唯一用意していった方がいいと思ったのが「耳かき」。途中でなくしてしまい、アジアを出たら、まったく売っているところを見なくなり、カイロで旅歴4年の人にもらいました。

TRAVELER'S VOICE

### Sachiko
**DATA:**
226日間の旅／滞在19カ国／女ひとり旅／2001年出発＜当時21歳＞

**A.** ✻ シーツを袋状に縫ったもの。寝袋はかさばるし暑いのであまり好きではないです。野宿をたくさんするなら寝袋は必要だけど、安宿やユースに泊まるならシーツで充分です。
✻ 英和・和英辞書。言葉はコミュニケーションに最も重要で、旅の質はコミュニケーションのよしあしで決まると考えています。よいコミュニケーション（＝自分の意思や感情を正確に伝える）には正確な言葉が必要。旅先で、私が相手にとって生まれて初めて出会う日本人、という状況は日常茶飯事でした。そのとき自分が伝えたことがそのまま理解され記憶されるのは、うれしくもあり危険でもあるから、そのことを意識して正確な言葉で話をするためにも、辞書は便利です。
✻ 無地のノート。毎日思ったことを書き連ねたり、切符やレシートや入場券をはったり、絵を描いたりするのに便利。このノートは私にとって最も大事な財産のひとつになりました。

TRAVELER'S VOICE

### せつはやと＆たしろさないち
**DATA:**
370日間の旅／滞在25カ国／カップル旅／2002年出発＜当時29歳＆28歳＞

**A.** ✻ 賛否両論あるでしょうが、パソコンですかね。もともと、サイトを作って旅行する予定だったのと、カメラもデジカメだったので、そのデータを取り込むのに必要でした。ガイドブックや雑誌をスキャンして持って行ったり、音楽データやDVDを持って行ったり、現地で知り合った人に写真のデータや日本の音楽をCDに焼いてあげたり。なにかと便利でした。インターネットはインターネットカフェで利用したので、持って行ったMacをネットに繋いだことはありません。
✻ 他に便利だったのは、背負えて転がせるかばん。頭につける探検隊ライト（両手が空いておしっこ

03. BAGGAGE 85

できる)。ユニクロの1000円で2つの小さなカバンやサイフ。コンパス（地図で道の名前は分かるが、どっちが北か分からない)。耳かきとツメきり。折りたたみナイフ。お湯をわかす電熱棒（お湯がわかせるだけで、食べられるものの種類が格段に広がる)。でかい布（海での敷物、首にまいて寒さよけ、日光避け)。でっかいトートバッグ（海に行くときや、一泊旅行などに重宝)。日本の雑誌の切り抜き（旅行情報が新しいのと、取材がていねい、気分が盛り上がる)。5カ国語くらいの翻訳機（とくにスペイン語)。結膜炎の目薬。歯ブラシ。逆に便利そうでいらなかったのが、寝袋です。かさばるので。

TRAVELER'S VOICE

### 鈴木忍
DATA:
155日間の旅／滞在14カ国／夫婦旅／2001年出発＜当時32歳＞

**A.** 洗濯ロープと洗濯バサミ。そして、極めつけは、電気調理器（お米の炊けるもの)。これは和食党の2人には最高でした。いつもホテルでご飯を炊いて、おにぎりを作っていました。イースター島ではゴールデンカレーを作りました。もちろん、お湯も沸かせるのでインスタントラーメンもできるし、非常に便利です。

TRAVELER'S VOICE

### 斎藤賢治＆明子
DATA:
141日間の旅／滞在21カ国／夫婦旅／1994年出発＜当時34歳＆27歳＞

**A.** 旅をスタートしたときは、あれもこれも便利そうだなというものを持って出ました。しかし、途中でどんどん捨てて身軽になってきました。「便利なもの」は「なくてもいいもの」です。最終的にはパスポートとクレジットカードと現金があればもうそれでいいや……という境地になりました。荷物は担いで走られるぐらいの重さ（10kg未満）でないとダメだと思います。

TRAVELER'S VOICE

### 伊勢華子
DATA:
100日間の旅×2／滞在30カ国ちょっと／あるときは一人、あるときは仲間と一緒／2000年出発＜当時26歳＞

**A.** ✻割り箸　（手で食べるのもおいしいけど、ときには繊細に。国によってはびっくりパフォーマンスになる）
✻万年筆　（大好きなみんなにつづる手紙は、たおやかに）
✻ジップロック　（国ごとに集めた細かなものをいれておく）
✻シワにならないワンピース　（ちょっとしたお呼ばれやパーティーに）

TRAVELER'S VOICE

### 小崎達二
DATA:
141日間の旅／滞在21カ国／出発時はひとり旅、途中から女性と同行（今の妻)／2002年出発＜当時28歳＞

**A.** ✻65リットルぐらいのデカいバックパック、しかも中古品。小さいと良いと多くの旅行誌には書いてありますが、大きければ大きい方が良いと感じました。長期旅行は、なんだかんだと荷物が多くなるので、結局、バックパックに入らないものは手さげで持つことになる。そうすると、必然的にセキュリティが難しくなるので、ひとつにまとまった方が管理がしやすいのは当然。しかもボロボロの「お金持ってません」的なバックパックの方が狙われにくいのでよいでしょう。
✻トラベルポット＆コンセント変換器。ヨーロッパでは食費が高いため、毎日外食は難しく、スー

~旅に出掛ける前に~ **BEFORE THE TRIP**

パーでパンやチーズなどを買って宿で食べることが多かったです。しかし、なにか味気ないのです。そこで、電気でお湯を沸かすトラベルポット（SANYO製）があれば温かいスープが飲めるし、食後のコーヒーも満喫できます。不思議なもので、クタクタに疲れているときに暖かいスープを飲むと元気が出るのです。また、2つのブロックを組み合わせるだけで世界中のコンセント形状に対応できるロードウォーリアという製品もオススメです。

✻「PACSAFE」(オーストラリア製) ＆100円の鍵を複数本。バックパックを金網に入れてそのままロックしてしまう製品で、バックパッカー先進国のオーストラリア製です。この状態を見たら、まず泥棒はあきらめるというぐらいエグい製品です。また、宿の鍵は信用しない方がよいので、持参した100円鍵で二重にロックをかけていました。貴重品が盗まれ、犯人はホテル従業員で、合鍵で入られたという話もアジアや中東ではよく耳にしました。旅行中は、基本的に、「信用するのは自分だけ」だと思います。

TRAVELER'S VOICE

 **吉村健二**
DATA：362日間の旅／滞在45カ国／男ひとり旅／2001年出発＜当時26歳＞

**A.** ✻マネーベルト（ベルトの中にお金を隠せます。最悪の事態のことを考えるととても安心です）
✻ワイヤー収納ロックキー（どこの国にも売っていない。防犯に便利）
✻コンパス（簡単な地図の場合、バス停に着いてから、まず方向がわからないことが多いが、コンパスを使うと建物の目安がつけやすい）
✻自分の家族や友達の写真（やはり異国で友人ができたときは活躍します。見せてあげるだけで会話が盛り上がる）
✻薬（風邪などをひいたときは、自分にあった薬がよい）
✻ビタミン剤（意外と栄養が偏ります）
✻セームタオル（競泳グッズ。ゴム製の吸収タオル。これは本当に便利！ かさばるバスタオルがいらないのは、とても楽）
✻日記用ノート（ノートはどこでも売っているが、日本ほど上質なものは、なかなかない）
✻バックパックカバー（基本的には雨天用だが、防犯にも役立つ）
✻靴（ニューバランス。寒冷地、熱帯地、多く長く移動する場合は靴が命。いい靴は途上国ではなかなか手に入らない）
✻世界地図（読んでいて、自分が今どこにいるかがリアルにわかって楽しい。また、道筋を赤で辿るとわくわくする）

TRAVELER'S VOICE

 **樽家彰宏＆愛**
DATA：1029日間の旅／滞在101カ国／夫婦旅／2001年出発＜当時33歳（夫・妻共）＞

**A.** ✻パソコンとデジカメ。デジカメはとにかく枚数を気にせず撮れるのがいい。電池は単三充電池型が絶対お勧め。現地の人にデジカメ画像を見せてコミュニケーションをとるツールとしたこともあった。パソコンは、もともとデジカメ画像を保存するために持っていったのだが、せっかくなのでHPを作ることにして、日記などの記録をしっかり残せたことが、旅が終わった今、私達の財産になっていると思う。
✻布製バケツ。アウトドアショップに売っている布製のバケツは洗濯のとき重宝した。
✻蚊帳。西アフリカで必携。マラリア予防薬を飲んでいなかったので、蚊にさされないために必ず蚊帳を吊って寝た。宿についている場合もあるが、たいてい穴が空いていて役に立たない。
✻ガムテープ。蚊帳を張るとき、柱がなければガムテープで壁に張りつけたりした。他にも荷物を送るときとかいろいろ使えてとっても便利。

03. BAGGAGE **87**

✱カートリッジ式コンロ。ヨーロッパのギリシャで5ユーロで購入。ヨーロッパは食費が高いのでホテルの部屋でこっそり自炊をしていた。また、アフリカは夜間の治安が悪いので、大半はホテル内で自炊しました。自炊に凝り始めると鍋、フライパン、調味料、米などなど、荷物が飛躍的に大きくなり荷物の重さには苦労した。

TRAVELER'S VOICE

## KIKI
DATA:
85日間の旅／滞在14カ国／女ひとり旅／2002年出発＜当時27歳＞

**A.** うーん。「チョコラBB」ぐらいでしょうか？ 野菜不足になりがちですし。

TRAVELER'S VOICE

## 古谷沙緒里＆眞木聖未
DATA:
123日間の旅／滞在19カ国／女ふたり旅／2006年出発＜当時26歳（ふたり共）＞

**A.** ✱電熱棒とプラスチックのコップ：電源があればどこでもお湯が作れる。宿泊先でカップラーメンや、珈琲、スープが飲めて重宝した。日本食が恋しい時に日本人から貰ったうどんの出汁を飲んで感動したことも。
✱キャンプ用の薄手の防寒シート：クーラーの効き過ぎた電車内や、宿の部屋が寒い時に重宝しました。
✱電子辞書：数カ国語の単語変換と、「君がいる人生は輝いている！」など熱い定型文も沢山入っており、旅先で出会った外国人と一緒に盛り上がることができた。
✱機内食に付いているフォークとスプーンを取っておくと、スーパーで買った食材、お惣菜をどこでも食べられて便利だった。

TRAVELER'S VOICE

## 浦川拓也
DATA:
120日間の旅／滞在20カ国／男ひとり旅／2013年出発＜当時21歳＞

**A.** ✱カラビナ：バックパックに付けておくと、袋を引っ掛けるだけで簡単に容量アップできます。
✱水筒：ホテルや銀行などで飲料水を補給していました。
✱マスク、サングラス：バスやトゥクトゥク移動のときに砂ぼこりがすごいので、持って行って正解でした。夜行バスで寝るときも、寝ていることがわかりにくいので荷物などを狙われにくいです。

TRAVELER'S VOICE

## 菅野翼
DATA:
370日間の旅／滞在32カ国／女ひとり旅（時には仲間と）／2013年出発＜当時24歳＞

**A.** ✱カメラ：これは撮るだけでなく、言葉が通じない国などで良いコミュニケーションツールになりました。
✱パソコン、HDD：書籍や映画もこれに収まるし、写真が膨大な数になるので助かりました。貴重品が盗難にあった時にSDカードも盗まれ、パソコンに写真を入れておいて良かったとしみじみ……。
✱洗濯バケツ・洗濯ひも：王道ですが、本当によく使った。
✱ストール：寒い時だけでなく、日よけになったり、イスラム圏では髪や肌を隠したり、物を包んだり。本当に重宝したアイテム。

~旅に出掛ける前に~ **BEFORE THE TRIP**

✼S字フック：これも王道ですが、結構使えました。いろんな使い方がありますが、トイレなどで荷物をかけるとこがなかったりする時に、これがあると便利◎
✼ミニドライヤー：1泊しかしないところや、雨が続いて洗濯物が干せない、乾かないときに、「下着だけでも」とミニドライヤーが何気に活躍しました。

TRAVELER'S VOICE

 **吉田有希**
DATA：
700日間の旅／滞在49カ国／夫婦旅／2007年出発＜当時26歳＞

**A.** 折りたたみのバケツは便利でした。どこでも洗濯ができます。毎日やらなければならないことのひとつ洗濯。バックパッカーにとって、常にキレイな環境が整っているわけではありません。触りたくないような洗面台もあります。これがあれば、水さえあればどこでも洗濯できます。またビニール紐があれば、どこでも洗濯物を干せます。

TRAVELER'S VOICE

 **中里和佳**
DATA：
210日間の旅／滞在27カ国／女ひとり旅／2013年出発＜当時22歳＞

**A.** ✼ウナコーワクール：ウナコーワのようにひんやりとするかゆみ止めはなかなか海外にはない。
✼水を使わずに手の除菌ができる消毒液：ご飯を食べる時に、海外では手を洗いたくても洗えないときが多いのでとても重宝した。
✼圧縮袋：荷物をコンパクトにするのには必須。海外ではなかなか手に入りにくいので、多めに持っていくべきだと思いました（途中で破れたりもするので）。
✼国際キャッシュカード：世界中で現金を手に入れるために必須。
✼iPad mini：私はパソコンを持たずに旅をしたので、とても重宝しました。写真を取り込んだり、iCloudを使って家族と写真を共有したりしていました。

TRAVELER'S VOICE

 **二木俊彦**
DATA：
375日間の旅／滞在34カ国／男ひとり旅／2010年出発＜当時31歳＞

**A.** セームタオル、サングラス、日本製爪切り、耳かき、多機能ナイフ

TRAVELER'S VOICE

 **清水直哉**
DATA：
90日間の旅／滞在14カ国／男ひとり旅／2009年出発＜当時21歳＞

**A.** ✼ポカリスエットの粉：旅人の中だと常識なのですが、ポカリスエットの粉は本当に重宝します。日本でも体調が悪いときにポカリスエットを飲むと思いますが、海外での旅は体調を崩しやすいので、そのときにポカリスエットの粉を持っていると、現地でミネラルウォーターを買って溶かして飲むことができます。体調を崩した時にも安心ですね。
✼速乾タオル（セームタオルなど）：水泳で使うセームタオルのような速乾タオルは必須です。普通のタオルだとかさばりますし、乾くのに時間がかかりますが、速乾タオルなら軽くて小さくてすぐに乾きます。最近だとアウトドア用の速乾タオルなどは非常に高性能なのでオススメです。

BEFORE THE TRIP: 04

# Preparation

出発前にやっておいたほうがいいことは？

# 出発前にやっておいたほうがいいことは？

text by Ayumu Takahashi

出発前にやるべきこと？
なんだ、そりゃ（笑）。

まぁ、オレの場合は、旅なんて行っちゃえばどうにでもなるでしょ、って感じ
で何も考えずに出発しちゃったけど、旅先で特に困ったことはなかったよ。
さやかに拉致されて、東京駅の近くの病院で予防接種だけは受けて行った
けど、入国ビザとかもすべて現地で取ったし、出発前はドタバタしてて、パス
ポートの更新すらギリギリだったから、正直、保険さえ入ってたのかどうか
も知らない。

でも、今、思い出して、出発前にこれだけはやっておけばよかったなって想う
ことは、やっぱり、貯金かな。
もちろん、金がないならないで楽しみ方はあるけど、あって困るもんじゃな
いし。

オレたちの場合も、旅の後半戦は金なくなっちゃって、ホント、まいった。
本当は、金なくなったら帰るって決めてたのに、どうしてもアラスカで旅を終
えたい！っていう欲求が抑えられなくなっちゃって、最後のほうは、仕方ない
から、クレジットカードで牛乳とかパンとか買って、なんとかしのいでる状
態だったしね（笑）。

まぁ、行く前にいろいろ心配する暇があったら、とにかく、がむしゃらに働き
まくって、旅資金を1円でも多く稼ぐべし！

絶対に、旅先でそう想うはずよ。

04. PREPARATION **93**

**4. Preparation** 出発前にやっておいたほうがいいことは？

# VOICE 世界一周経験者たちの声！

## Q. QUESTION: 04

世界一周の旅をするにあたって、出発前にどんな準備をしていきましたか？　そして、これから行く人へ向けて、「これはやっておいたほうがいいよ！」ということがあれば教えてください。

~旅に出掛ける前に~ **BEFORE THE TRIP**

TRAVELER'S VOICE

## Sachiko
**DATA:**
226日間の旅／滞在19カ国／女ひとり旅／2001年出発＜当時21歳＞

**A.**
✲ 友達の住所録の作成。旅先から家族や友達にハガキを書くため。メールだけでは、ちょっと味気ないので。
✲ 行く国の最低限の知識。歴史や文化、宗教は知っておいたほうがいいと思います。
✲ 英語や他言語の勉強。できればできるだけ旅が楽しくなる。

TRAVELER'S VOICE

## 小崎達二
**DATA:**
141日間の旅／滞在21カ国／出発時はひとり旅、途中から女性と同行(今の妻)／2002年出発＜当時28歳＞

**A.**
✲ 世界情勢、紛争について学ぶべし。今、どこで紛争が起きているか、それは何が原因で起きているのかなど、歴史背景を交え勉強しておいた方がよいと思います。自分も含めて、平和すぎる日本人は、危険察知能力が非常に低いからです。イラクで亡くなった方がニュースを騒がせましたが、あるゲストハウスでは壁一面に日本人の「捜索願」の顔写真が貼られていました。冒険心と無謀は紙一重だと思います。
✲ 宗教のタブーについて学ぶべし。宗教上のタブーが原因で思わぬ反感を買うことがあります。下手をすると命にかかわるかもしれません。主要な宗教の歴史、戒律、タブーは最低限覚えておくことをオススメします。あくまでもその国に「お邪魔している」旅行者なので、その国の人の信仰やルールを尊重し生活すべきです。

TRAVELER'S VOICE

## 鹿島光司
**DATA:**
204日の旅／滞在21カ国／男ひとり旅／1999年出発＜当時21歳＞

**A.**
まずは、やはり、先立つものの準備です。そして、全予算を身につけて歩くのは心もとなかったので、私は郵貯ワールドキャッシュを使いました。海外でお金を引き出すには日本で作業がいりますので、もし、使おうと考えているなら、その手続きは出発前にやっておかなくてはいけません。あと、病気の予防接種は日本でも受けられました。一応私はＡ型肝炎のワクチンを打ちましたが、もし心配なら現地の病院で行ってもいいんじゃないかと思います。都市部でそれなりに大きな医療施設だと、衛生的にも問題はないんじゃないかと思います。感染症の流行地では病院の対応も慣れていて、情報も豊富というメリットもありますし。

TRAVELER'S VOICE

## 渡邊賢
**DATA:**
140日間の旅／滞在27カ国／男ひとり旅／2003年出発＜当時31歳＞

**A.**
✲ 日本へ残して行く奥さんへの説明。これが一番大事！ あらかじめ大体のコースと日程を決めておき、約３ヵ月で帰ることにし（実際には４ヵ月半かかりました）、海外用携帯電話の購入、フリーメールの取得、Webのレンタル日記帳をつけるなど、なるべく自分の行動がわかるような環境を整えてから行きました。
✲ お金の準備。お金を分散して持つために、トラベラーズチェック、シティバンク、クレジットカードを用意しました。特に、仕事を辞めて行く人は、クレジットカードを作ってから辞めないと審査に通りません。複数の調達手段を作ってはいたものの、クレジットカードが１枚しかなくて、少し不安でした。

04. PREPARATION 95

✼ 保険。ケガや病気を心配して保険に入りました。ちょっと高いですが、絶対に入るべき。安心感が違います。
✼ ビザ。コースのうち、インドだけは事前に日本で取ったほうが楽そうだったので、インドビザを取得しておきました。
✼ 国際免許証。アメリカでレンタカーを運転する予定だったので、国際免許証を取っていきました。免許センターで申請して手数料を払うだけでした。バリやハワイでもバイクを借りるときに役立ち、見知らぬ土地を自由に走る楽しさを満喫できました。

TRAVELER'S VOICE

### KIKI
DATA:
85日間の旅／滞在14カ国／女ひとり旅／2002年出発＜当時27歳＞

**A.** 行きたい場所の下調べぐらいしかしていません。あと黄熱病の予防注射を打ったぐらいかな。ガイドブックを山ほどは持っていけないし、帰国してから、「行っとけばよかった」って悔しがるのはいやだったもので。

TRAVELER'S VOICE

### せつはやと＆たしろさないち
DATA:
370日間の旅／滞在25カ国／カップル旅／2002年出発＜当時29歳＆28歳＞

**A.** ✼ 行きたいところの雑誌の切り抜きを集めること。日本の雑誌はすごくよくできています。
✼ シティバンクの口座。100万円以上の残高で手数料無料。現金換金、トラベラーズチェック換金より断然トクで安心、便利。世界は思っているよりはるかにATMがたくさんあります。
✼ 歯医者に行くこと。むし歯は日本人の常識で世界の非常識。全然ないそうです。歯医者は旅行保険きかないし、歯が痛くなったら帰らなくちゃいけない。
✼ 住所録作り。お世話になった人に、郵便でお土産などを送ると、かなり喜ばれました。

TRAVELER'S VOICE

### 吉村健二
DATA:
362日間の旅／滞在45カ国／男ひとり旅／2001年出発＜当時26歳＞

**A.** ✼ 歴史を知っておくと、その国がもっと身近になります。
✼ 語学力はないほうがいいときもありますが、あるに越したことはないので、多少勉強しておいたほうが旅は楽しくなる（もちろん、旅の最中に上達していきますが）。
✼ 準備はあまりしないほうが、旅は楽しい。

TRAVELER'S VOICE

### 菊池永敏＆麻弥子
DATA:
1096日間の旅／滞在73カ国／夫婦旅／2000年出発＜当時28歳＆25歳＞

**A.** ✼ 初めはガイドブックがないと旅ができないと思いますので、最初の3〜5カ国分のガイドブックのコピー。その後は、出会う旅人からコピーさせてもらう。または、英語のガイドブックを大きな町で購入して行く。
✼ 海外キャッシングができるように口座開設、カード発行、どこの国で使えるか？ などの使い方を調べておく。意外と、いざというときにカードが使えなかったり、やたら高い手数料を取られたりするので。

～旅に出掛ける前に～ **BEFORE THE TRIP**

✻ 旅とは直接関係ないが、長期で海外に出る場合は、住民票、国民年金、健康保険を外していく。住民税は3年分払いませんでした。年金はカラ年金という形で通常25年間納めなければもらう権利を得ることができないものを、私たちは、3年間海外に出ていましたという証明をし、22年間でもらえるようにしました。

TRAVELER'S VOICE

### 伊勢華子
DATA:
100日間の旅×2／滞在30カ国ちょっと／あるときは一人、あるときは仲間と一緒／2000年出発＜当時26歳＞

**A.** 出発前夜、お気にいりの蕎麦屋さんへ。
日本のごはんはゆっくり味わっておきたい。

TRAVELER'S VOICE

### 古谷沙緒里＆眞木聖未
DATA:
123日間の旅／滞在19カ国／女ふたり旅／2006年出発＜当時26歳（ふたり共）＞

**A.** 出発前に大切な人たちの住所をメモして持って行くこと。行く先々から親や友人へその土地の絵はがきで手紙を出しました。絵はがき選び、ハガキを書く度に感謝の気持ちが湧き上がってきました。その土地の特徴ある切手のデザインも素敵で、自分宛にも送っておけばよかったなと思います。

TRAVELER'S VOICE

### 浦川拓也
DATA:
120日間の旅／滞在20カ国／男ひとり旅／2013年出発＜当時21歳＞

**A.** 会いたい人には会っておくこと。自分の旅を応援してくれる人がいることを実感できるし、しんどいときに励みになります。

TRAVELER'S VOICE

### 吉田有希
DATA:
700日間の旅／滞在49カ国／夫婦旅／2007年出発＜当時26歳＞

**A.** 一番はお金ですかね。ワーキングホリデー等の方法もあるかと思いますが、基本的に旅中はお金を稼ぐ手段がありません。出費のみです。旅をしてるときは、楽しみつつも、常に節約を意識しています。それならば、十分な準備を日本でして行くべき。せっかく行ったのに「お金がないから」という理由で、楽しむところを楽しめないのは、とてももったいないです。

TRAVELER'S VOICE

### 中里和佳
DATA:
210日間の旅／滞在27カ国／女ひとり旅／2013年出発＜当時22歳＞

**A.** 予防注射とお金（カード関係）の準備は、きちんとして行きました。それ以外に関しては、お金さえあれば基本海外で調達できるので心配ないです。旅はお金があるに越したことはないので、1円でも多く貯金をしておくべきだと思いました。

04. PREPARATION　**97**

~旅に出掛ける前に~ **BEFORE THE TRIP**

TRAVELER'S VOICE

### 菅野翼
**DATA:**
370日間の旅／滞在32カ国／女ひとり旅（時には仲間と）／2013年出発＜当時24歳＞

**A.**
✽ 長期旅行の場合は海外転出届を出す。これで年金免除や1月1日に日本にいない場合は住民税も翌年対象外に。
✽ クレジットカード作成。会社に勤めている人は、退社前に数枚作っておきましょう(審査がおりやすいため)。デビッドカードしか使えないところもあるので、数枚準備。
✽ 海外保険加入。入らない方もまれにいますが、自分だけでなく、周りに迷惑をかけないためにも入ることをお勧めします。
✽ あとは稼げるだけ稼ぐ！　ワクワクをチャージし続ける！

TRAVELER'S VOICE

### 二木俊彦
**DATA:**
375日間の旅／滞在34カ国／男ひとり旅／2010年出発＜当時31歳＞

**A.**
✽ お金を貯める。
✽ 保険に入る。
✽ ワクチン関係は最低限打つ。
✽ クレジットカードは最低2枚あると良い(理想は3枚、VISA、マスター、アメックス、JCBとバラバラで！)。各カードでルールが違うので、キャッシング等は事前確認しないと、海外に出てから使えないなんてザラなので必須です！
✽ 利用限度額。引き落とし日の確認。残高確認できるようにネットバンク登録。
✽ パスポートのコピーか写メの用意。
✽ 各種、紛失した場合の連絡先とその連絡の仕方の確認(海外は日本とは電話の仕方も違う国あるし、スカイプ通じないかもしれないので、いろいろ事前確認必須)。

TRAVELER'S VOICE

### 清水直哉
**DATA:**
90日間の旅／滞在14カ国／男ひとり旅／2009年出発＜当時21歳＞

**A.**
世界一周中に「これだけはやりたい！」というやりたいことリストみたいなモノを作っていくと良いと思います！　世界一周という旅は一生の内に何回もできるものでもないので、かけがいのない瞬間の連続になると思います。なので、やり忘れたということがないように、やりたいことのリストを作って、それを見たり、更新しながら旅をすると良いかなと思います。

# MEMO 参考メモ

## 出発前チェックリスト

ここでは、出発前の準備に関するチェックリストを掲載しておきます。
自分の旅のスタイルに合わせて、必要に応じて利用してもらえればと思います。

### ☐ パスポートの用意（必須！）

海外に出るためには絶対に必要なものです。持っていない人は余裕を持って申請しましょう。持っている人も有効期間をチェック。有効期間が残っていたとしても、残りわずかの場合は入国できない場合もあります（例えばインドネシアでは6ヵ月以上の残存有効期間が必要）。余裕がないなら新しいパスポートを作っておくようにしましょう。また、旅中にパスポートを紛失し、再発行する場合には、紛失一般旅券等届出書・一般旅券発給申請書、紛失届の証明書等、証明写真、身分証明書（顔写真付き）、戸籍謄本/抄本などが必要です。パスポート番号や発行年月日が分かっていると手続きがスムーズになることもあるので、あらかじめ日本からパスポートのコピーも持っていきましょう。また証明写真も余分に持っていくのがおすすめです。詳細は下記外務省サイトを参考にしてください。

外務省「パスポートA to Z」　http://www.mofa.go.jp/mofaj/toko/passport/
外務省　http://www.mofa.go.jp/mofaj/

### ☐ 査証（ビザ）の申請

査証（ビザ）とは滞在許可証のことで、その国への入国許可証のようなものです。最近は短期滞在では協定で相互にビザを免除する国が増えてきたので、短期滞在であればほとんどの国にビザなしで入国できます。しかし、オーストラリア（ETAS）、エジプト、カンボジア、インドなど短期の滞在でもビザが必要な国もあります。そういった国から旅をスタートする場合は、日本で事前に申請し、ゲットしておきましょう。詳しくは、各国のガイドブックや大使館のサイトなどで確認できます。それ以外は現地でビザをゲットするスタイルでもOK。大使館や各国のビザセンター、国境、空港などで取得できます。旅行代理店に依頼することも可能です。ビザ申請に必要なものは、基本的には、パスポート、証明写真、申請料金。証明写真は現地で撮ることもできますが、あらかじめ日本から持って行っておいたほうが楽なので、準備しておきましょう。

※【ESTA】
米国への渡航は90日以内の短期滞在であればビザは免除されていますが、代わりに2009年よりESTA（Electronic System for Travel Authorization：電子渡航認証システム）の認証が義務化されています（米国乗り継ぎも含む）。ESTAの認証がされていない場合、飛行機への搭乗や米国への入国を拒否される場合があるので注意が必要です。
詳しくは、下記の米国国土安全保障省のサイトなどをご覧ください。

米国国土安全保障省/ESTA　https://esta.cbp.dhs.gov/esta/（日本語を選択）

## □ 予防接種を受ける

予防接種には、黄熱病、破傷風、A型肝炎、B型肝炎、狂犬病、日本脳炎、ポリオ、麻疹などがあります。そして、予防接種には2つの側面があります。ひとつは日本にはない感染症に海外で感染することから自分を守るためで、もうひとつは入国時などに予防接種証明書を要求する国（地域）があるためです。アフリカや南米の熱帯地域などは、入国の際、黄熱病の予防接種を受けたという証明書（イエローカード）の提示が必要となります。予防接種は現地（もしくは近隣諸国）で受けることもできますが、心配な人は日本で受けておきましょう。2回、3回と打たなければならないものもあるので、複数の予防接種を受ける場合は、接種スケジュールをしっかり立てて、2ヵ月以上前から計画的に進めましょう。旅のスタイルや自分の健康状態などによって、必要な予防接種は異なるので、事前に感染症情報を収集するとともに、それぞれの予防接種について理解した上で、自分に必要な予防接種を受けましょう。

海外での感染症情報・FORTH（FOR Traveller's Health）　http://www.forth.go.jp/

## □ 保険に加入

旅行中の事故や病気などをカバーしてくれる海外旅行傷害保険。加入しなければ旅に行けないということはありませんが、海外での治療費は高額の上、保険がなければ現金での支払いが必要になるので、入っておくことをオススメします。旅行代理店や保険会社などで加入できます。空港にも申し込み窓口がありますが、できれば事前に加入しておきましょう。加入の際、セットプランを勧められることが多いですが、必要なものだけを選んで加入する「バラ掛け」もできます。セット料金はそれぞれの保障が高額に設定されていることが多いので、保険料もそれなりに高額になります。バラ掛けは自分で選択できるので、やり方によっては保険料も安く抑えられます。

## □ クレジットカードをゲット

海外では日本以上に使用機会が多いクレジットカード。ホテル、レストラン、ガソリンスタンド……あらゆる場所で使えます。現金を持ち歩くより安全だし、ホテルのチェックイン、レンタカーを借りる際などに身分証明としても必要になることがあります。しかも、請求時の換算レートも、現金での両替よりもいいことが多いし、旅中に所持金が尽きてもキャッシングサービスが受けられるし、種類によっては海外旅行傷害保険が付いてきます。1枚は持っておくと便利で安心です。すでに持っている人も、念のため限度額を上げておくと良いでしょう。有効期限にも注意が必要です。また旅中にクレジットカードを紛失した場合には、無効手続きをするために、カード番号、有効期限が必要となるので、カード会社の緊急連絡先と共に事前に控えておきましょう。

## □ 国際キャッシュカードをゲット

海外のATMネットワークと提携を結び、国際キャッシュカードの発行を行っている銀行があります。

04. PREPARATION　**101**

# MEMO 参考メモ

それぞれの銀行で申込み、専用の預金カードを作っておけば、海外のATMを使って、国内の自分の口座から現地通貨が引き出せるようになります。ただし、引き出すのに手数料がかかるし、ATMが対応していない国もあるので、これ1枚持っていればOKというわけではありません。予備で持って行く程度に考えておきましょう。
また国際キャッシュカードを持っていれば、旅中に所持金が尽きても、日本にいる家族などから入金してもらうこともできます。お問い合わせは各銀行に。

## □ プリペイドトラベルマネーをゲット

かつて旅の必須アイテムだった海外旅行者用小切手「トラベラーズ・チェック」の日本国内での販売終了に伴い、新たに注目されている海外専用のプリペイドカード。渡航前に日本国内で入金し、海外でキャッシュカードとしてATMで現地通貨を引き出すことができ（所定の手数料あり）、また提携加盟店ではデビットカードのように決済もできます。残高がなくなってしまった場合は、ネットバンクからの再入金が可能。紛失した場合もインターネットからの利用停止手続きもできるし、電話でのサポートサービスもあるので安心です。入金額内の利用となるので、旅中の無駄遣いのリスク軽減になるかも!?

## □ 国際運転免許証をゲット

海外でレンタカーを借りる場合、日本の免許証と国際運転免許証が必要になります。国際運転免許証は、現住所のある都道府県の運転免許試験場や更新センター、警察署（一部）などで申請すれば即日発行してもらえます。有効期間は発行日から1年間。申請の際、運転免許証、パスポート等の渡航を証明するもの、証明写真1枚、手数料が必要になります。昔の国際運転免許証が手元にある場合はそちらも必要です。
また日本の免許証にも注意が必要です。世界一周のような長旅の場合、旅の途中に免許証の期限が切れてしまう場合があるので、そういう場合は事前に更新しておきましょう。
都道府県ごとに違いがありますので、詳細は最寄りの運転免許センター・警察署に問い合わせてください。

## □ ユースホステル会員証をゲット

世界的安宿ネットワーク「ユースホステル」を利用しようと考えている人は、会員証を作っておきましょう。会員証を持つと、世界各地のユースホステルをお得な会員価格で利用できるようになるだけでなく、鉄道や飛行機の運賃や、美術館や博物館の入場料などの割引の適用も受けられます。会員証の有効期限は発行日より1年間。

日本ユースホステル協会　http://www.jyh.or.jp/

## ☐ 国際学生証をゲット

学生の特権、学割。国際学生証を作っておけば、世界各国で学割がききます。日本の学生証に代わり、世界各国で通用する国際学生証、それが「ISICカード」。これを作っておけば、いざと言うときの身分証明書にもなるし、世界中の史跡、博物館、美術館、交通手段などが学割で利用できます。

ISICカード　http://isic.univcoop.or.jp/

## ☐ 歯医者に行き、歯の治療

旅先での歯の治療は基本的に海外旅行傷害保険がきかないので、治療費が高くつきます（保険会社によっては歯科治療の特約もあり）。それに知らない土地で治療してもらうのは恐い……。とはいえ、虫歯になって歯の治療のためだけに日本に帰ってくるのはバカらしい。これを機会に歯医者に通い、虫歯はしっかり治療してから出発しましょう。

## ☐ 住んでいる部屋の処理、公的手続

現在、賃貸マンション・アパートなどに住んでいる場合、当然ですが、旅中も家賃を払うことになります。長期の旅をする場合は、家財道具をどこかに送ったり、すべて売り払って旅の資金にまわしたりして、部屋を引き払ってしまうのもひとつの手だと思います。もちろん、旅の期間は友人に住んでもらい、いくらか家賃をもらうというような方法をとっている人もいます。その他にも、携帯電話、電気、ガス、水道、新聞、インターネット関連など、使わなくても月々の基本料金がかかってしまうものについては、きちんと処理しておくことをオススメします。
また旅の期間にもよりますが、海外転出届を提出することで、税金対策ができます。
住民税などは、1月1日時点で国内にいなければ、その年の徴収はなくなるのです（ただし前年の所得に対する税金は支払わないといけません）。
国民年金の強制加入義務もなくなりますが、国民健康保険の加入が抹消され、保険証も返納しないといけないなどのデメリットもありますので、しっかりと事前に確認し、各自旅の日程や内容に合わせて対応していきましょう。

# Page of S

高橋歩と共に世界を旅した妻さやかちゃんのページ

こんにちは。さやかです。
あゆむとふたり、世界一周の旅を終えて、もう4年が経ちます。
今は、沖縄で暮らしながら、ふたりの子どもの母として悪戦苦闘しています。

今回の本は、私のページもあるということで、正直、困ってしまいました。
子育てをしながら、なんとか書き上げたので、温かい目で読んでくださいね。

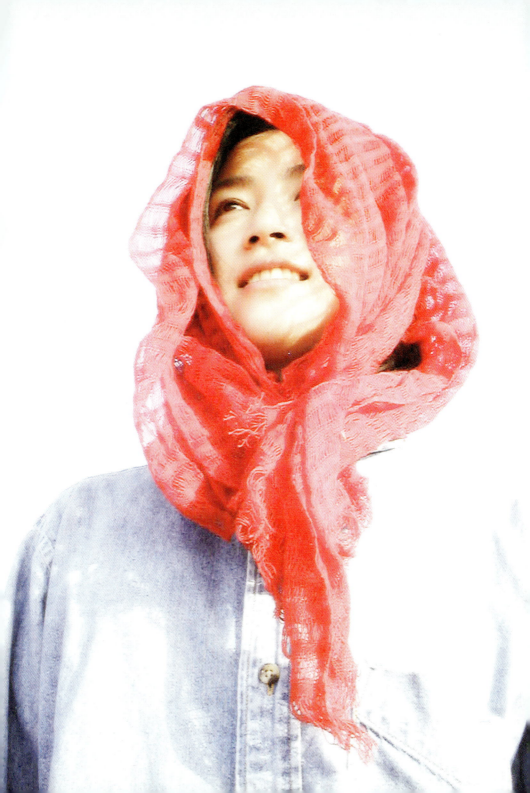

106 WORLD JOURNEY

まずは、旅に出る前の話から。

私が、「ふたりで世界一周したいね」という話をした日から、すぐに、あゆむが、「マジで世界一周しちゃうべ！」って言って盛り上がっていたんだけど、私は、正直、「お金もないし、本当にできるのかなぁ」という感じでした。

でも、こういうのはいつものことなので、最初は気軽に考えていました。
それから数週間のあいだに、だんだんと話が現実的になってくるにつれて、「これは、本当に行くことになりそうだな」と感じ始めました。
あゆむは昔から、言ったことを本当にやってしまうので、私としては慣れていた部分もあって、途中からは私も一緒に盛り上がっていました。

◆

最初の頃は、旅のコースや期間を決めようということで、私は、いろいろな国の情報を集めるためにファイルを作ったりしていたのですが、旅の出発が結婚式の3日後だったため、式の準備と重なってしまって、結局、ほとんど何も調べられませんでした。

結婚式をするチャペルや披露宴会場を選んだり、ドレス選びにも時間を使いたかったし、互いの両親や親戚への挨拶もあったし、手作りっぽい披露宴をしたかったので、その準備も大変で……ということで、旅のことは、二の次になってしまっていました。

出発前の準備としては、予防注射を受けることと、国際免許を取って行くことだけは、きちんとやっていきました。
「予防注射は必要ないの？」と聞いても、あゆむは、「大丈夫だべ、そんなの」と言っていたんだけど、私は心配だったので、ちゃんと調べて、注射に連れて行きました。
あと、あゆむはバイクだけで、車の免許を持っていなかったので、私がオートマ限定ではあるけれど、国際免許を取っておきました。ふたりで、大自然の中をのんびりとドライブしたら楽しそうだなぁ、と思っていたので。

世界一周に持って行く荷物ということでは、いろいろ考えました。

まず、洋服は、ブランドものなどの観光客っぽい服を着ているとなめられると思ったので、あえて、着慣れた古めの服、旅人っぽい服を選びました。そして、特別なときのためにワンピースを1着持って行きました。
あと、やせて見える黒いお気に入りの水着も持って行きました。

化粧水と乳液は、ビンのままだと重いので、軽いプラスチックの容器に詰め替えて、持てるだけ持って行きました。でも、約2年の旅の分をすべて持って行くことは不可能だったので、途中からは、現地で買いながら、試しながら使っていましたが、特に大きな問題はありませんでした。ファンデーションや口紅などは、毎日使っていたわけではないので、日本から持っていった数個だけで充分でした。

日焼け止めも、もちろん忘れませんでしたが、なくなってからは現地で買ったものを使っていました。そのかわり、帽子はお気に入りのものを持っていって、日差しの強い国では、意識してかぶっていました。

洗顔フォームやシャンプーも、旅中は現地のものを使っていました。匂いが少し強いものが多かったけれど、特に問題は感じませんでした。
でも、そのツケが今後出てきたりしたら……と思うと、少し怖いです。

世界中に女の人はいるし、さすがに生理用品は買えるだろうな、と想っていたので、日本からは軽く持って行くだけでした。旅をしていても、困ったことはありませんでした。逆に、いろんな国のものが見れて楽しかったくらいです。

もちろん、こういった消耗品については、今後の旅のコースを考えて、都会にいるときにしっかり買い貯めておくように意識していました。
特に、この後、サバイバルな感じの国に行くのがわかっているときは、事前の都会的な国で、前もってじっくり選んだ上で、たくさん買っておくようにしていました。

あとは、知らない国で病院に行ったり、怪しい薬を飲むのは嫌だったので、飲み慣れた薬をいろいろと持っていきました（正露丸、鼻炎の薬、総合風邪薬、バンドエイド、目薬、消毒液など）。

それから、最初の国であるオーストラリアのガイドブックと英会話の本、高校生のときから毎日書いている日記帳とペン、そして、日本茶のパックやポカリスエットの粉、醤油などの調味料も持っていきましたが、とても役に立ちました。

◆

だんだんと、旅の出発日が迫ってくるにつれて、両親や友達のことを考えたり、お金は足りるかな？　忘れた荷物はないかな？　など、いろいろとドキドキしてきたことを覚えています。

両親には余計な心配をかけたくなかったので、ちょっと心は痛みましたが、「ふたりでオーストラリアを1周してくるね」と言っていました。
今では笑い話ですが、私にとっては、イタリア、香港に続く3回目の海外旅行だったし、両親を安心させるのは、とても気を遣いました。

それと、仲の良い友達と何年も会えなくなるかもしれない、という寂しさもありました。結婚式ですごく泣いてしまったのも、そんな気持ちがあったからかもしれません。
出発の前の日にも、仲良しのサリが来てくれて、嬉しさ半分、寂しさ半分でした。
出発前の夜に、あゆむの妹のミキちゃんからもらった心のこもった手紙を読んで、すごく嬉しくて勇気づけられたことも覚えています。

きっと、ひとり旅だったらいろいろ心配して、綿密に計画していただろうけど、今回は、ふたりでの旅だし、大丈夫だろうな、なんとかなるだろうな、と開き直って、ふたりとも無事に帰ってこれますように、という願いだけをして、明るく元気な気持ちで出発しました。

Grand Prismatic Spring / USA
グランド・プリズマティック・スプリング／アメリカ

# ON THE

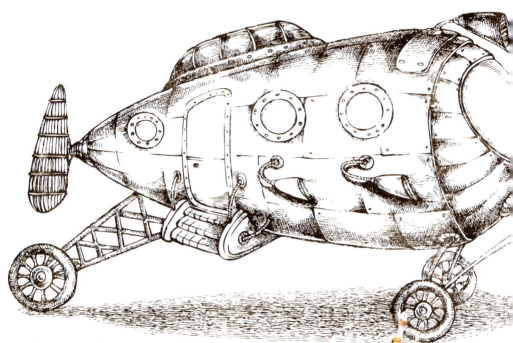

*My new Camper*

# ROAD
## 旅先でのあれこれ

 **Move** 飛行機からラクダまで… 移動手段について

 **Stay** スイートルームから野宿まで… 宿について

 **Food & Drink** 世界中で安くおいしいものを食べるために

 **Language** 言葉が通じない国での楽しみ方

 **Local Info** 現地で楽しい情報をキャッチするために

 **Danger** 旅先で死なないために

ON THE ROAD: 01

# Move

飛行機からラクダまで…移動手段について

## 飛行機からラクダまで…移動手段について

text by Ayumu Takahashi

旅中の移動手段っていえば、成田空港からの飛行機に始まり、長距離バス
から、シベリア鉄道から、怪しいワゴン車やジープから、大小さまざまな船
から、人力車や馬やラクダまで、とにかくいろいろ乗った。

でも、旅中、乗り物のことで困ったことは、特になかったな。
チケットの買い方から何から、他の旅人に聞いたり、現地の人のやり方をマ
ネすればいいだけだし、それが一番安いしね。
まぁ、もし、なにか間違っても死ぬわけじゃないし。

そりゃ、どこに行っても、何に乗っても、ふっかけてきたり、インチキする奴と
かは山盛りだったけど、まぁ、そんなことでイラついてちゃ、きりがないべ。

移動手段に限らないかもしれないけど、旅先で、さまざまな日本との違いに
イラつくんじゃなく、その違いをネタにして面白がらないと損じゃん。

まぁ、そういうオレも、けっこうイラついてたけど（笑）。

01. MOVE **117**

旅中に一番良く使っていたのは、やっぱり、地元の人が使っている乗り物だね。
ボロボロの乗り合いワゴンみたいなものだったり、自転車タクシーみたいな
ものだったり、人力車みたいなものだったり、モンゴルだったら馬だし、サハ
ラ砂漠だったらラクダだし……。

あと、オレはバイクが好きなので、レンタルバイクもかなり使った。
空港や駅のレンタカー屋で借りたり、宿で借りたり、その辺のおっさんに話
しかけて交渉して借りたこともある。

乗用車のタクシーもそれなりに便利だし、安全だったけど、もちろん、いろ
いろと面倒な奴はいたよ。観光客扱いで法外な値段をふっかけてくる奴と
か、勝手に自分の契約している宿や店に連れて行こうとする奴とか、メー
タータクシーの場合、明らかに同じ道をぐるぐる回っている奴とか。まぁ、
そういうときは、なめられないように、わざとブチキレたふりをして、「おい！
ふざけんな！　やんのかこらぁ！」とか日本語でヤンキー風にシャウトしたら、
けっこううまくいったな。

あと、タクシーと言っていいのかわからないけど、モロッコから入ったサハラ
砂漠やモンゴルのゴビ砂漠に入っていくときや、野生の王国的なアフリカの
ナショナルパークを回るときは、お金払って地元の人のジープに乗せてもら
うって感じだった。
秘境みたいな場所に入っていくときには、必ず、近くにエントリーする町があ
るから、その町まで行ってウロついてれば、すぐに移動手段は見つかるしね。

01. MOVE　**119**

あとは、長距離バスも良く乗った。

オーストラリアをラウンドするグレイハウンドみたいな爽やか系のバスから、インド〜ネパール間の崖っぷちの細道を走りまくる、死んだらごめん！系の激しいバスまで、いろいろだったけどね。

フィリピンのパラワン島で乗ったバスなんて、「出発時刻？　なに言ってんの？お客が集まったときに出発するに決まってんじゃん」って感じだから、出発まで半日くらい待ったね。まぁ、フィリピンに限らず、世界中でそういうのはよくあったけど、別に先を急ぐような旅じゃないから何も気にならなかったな。


電車もたまには乗ったけど、なんか年寄りっぽくて、オレはイマイチ好きじゃない。
特にシベリア鉄道は、やばいくらいに暇でさ。
車窓からの眺めを楽しむ2泊3日の旅なんて、50年早かった。
あまりにやることがなさ過ぎて、逆に、すごく疲れたのを覚えてる。
さやかはそれなりに楽しんでたみたいだけど、オレは二度と乗りたくない（笑）。

逆に、さやかは船が苦手だったけど、オレは船が好きだった。
スペインからジブラルタル海峡を越えて、向こうにアフリカ大陸が見えてきたときのドキドキワクワク感や、フィリピンのおじさんの小さな手作りカヌーに乗って島々を回っているときの原始時代へワープしたようなフィーリングは、今でも忘れられない。

あと、移動手段じゃないかもしれないけど、乗り物っていう意味では、セスナやヘリから、気球やパラセイリングまで、空系の乗り物が最高だった。風に乗ってナウシカ気分を味わえるし、空からの眺めは地球のでかさを実感できるしさ。

世界中で、いろいろなやばい乗り物を楽しむのも、旅の楽しみのひとつだよね。

01. Move　**121**

**1. Move** 飛行機からラクダまで…移動手段について

# VOICE 世界一周経験者たちの声！

## Q. QUESTION: 05

世界を旅していく中で、長距離・短距離を問わず、「この移動
手段は面白かった、便利だった」と印象に残っているものが
あれば教えてください。

~旅先でのあれこれ~ **ON THE ROAD**

TRAVELER'S VOICE

## Sachiko
**DATA:**
226日間の旅／滞在19カ国／女ひとり旅／2001年出発＜当時21歳＞

**A.** ※ジブラルタル海峡のフェリー。たった2時間でヨーロッパからアフリカになる、その変化を実感できました。
※コスタリカのトルトゥゲーロ村へ向かうときにのったボート。2～3時間ずっと熱帯雨林の密林の中。途中で野生のワニや鳥がたくさん見られます。

TRAVELER'S VOICE

## 樽家彰宏＆愛
**DATA:**
1029日間の旅／滞在101カ国／夫婦旅／2001年出発＜当時33歳（夫・妻共）＞

**A.** チベット自治区を非合法で移動していたとき、たまたま、ラサに行くチベット人の巡礼トラックをヒッチして4泊5日、トラックの荷台でチベット人たちにもまれながら移動したことはとても印象的。体力的にはかなりきつかったが、チベット人の人情がありがたかった。

TRAVELER'S VOICE

## 鈴木忍
**DATA:**
155日間の旅／滞在14カ国／夫婦旅／2001年出発＜当時32歳＞

**A.** 私たちはドイツからギリシャまでユーレイルパスで移動しました。1等車で乗り放題だったので、起点を決めてデイトリップで行きたい観光地に電車で移動しましたが、最高でした。予約をしなければ満員のルートもありましたが、紙に行き先と人数などを書いて渡すと、スムーズに購入できました。たまにローカル電車に乗っても1等車に乗車できるので世界の車窓も味わえます。

TRAVELER'S VOICE

## 小崎達二
**DATA:**
141日間の旅／滞在21カ国／出発時はひとり旅、途中から女性と同行（今の妻）／2002年出発＜当時28歳＞

**A.** ※カイロ～ルクソール～アスワン。これも長い長い12時間の列車の旅で、ナイル川沿いを走ります。外はナツメヤシと見渡す限りの砂漠です。ルクソール～カイロへ戻る夕方の列車は、左手にピラミッド群が夕日のシルエットで浮かび上がり、本当に幻想的な景色が楽しめます。
※ギリシャのサントリーニ島での原付バイク。ギリシャからフェリーで8時間のエーゲ海に浮かぶサントリーニ島で、原付バイクを借りて島中を走り回りました。海は青く、建物は白く、本当に幸せな気分になります。

TRAVELER'S VOICE

## 渡邊賢
**DATA:**
140日間の旅／滞在27カ国／男ひとり旅／2003年出発＜当時31歳＞

**A.** ※インドネシア・バリ島のウブドで借りたレンタルバイク。一応、国際免許をチェックされますが1日4～5ドルとガソリン代だけで乗り放題。高原や溶岩の上に無理やり舗装した道路を走ってすごく楽しかった。帰りにスコールにあってパンツまでビショビショになったのも、今では良い思い出です。
※タイのラノーン～コートーン間のボート。水上に建てられたイミグレや静かに広がる湾の景色、行

01. MOVE **123**

き来する地元民を乗せたボート、ミャンマー側のローカルな感じが楽しかった。
✻ カンボジアのシェムリアップ―プノンペン間のボート。船の屋根に乗って湖上の向こうに見える木々が生い茂る平原の景色を見ながら進んでいくのが良かった。水上集落を見ることができたのも楽しかった。同じ区間を走るバスは半額以下だけど、ひたすら耐えるだけらしいのでこちらがオススメだと思います。
✻ オスロからトロムソへ向かう飛行機。普通のジェット機ですが、窓から見える景色が北極圏ならではで、人の気配のまったくない白い世界に感動しました。
✻ ロスでレンタカーを借りて、1人だけで1週間かけてラスベガスとサンフランシスコを周遊。1人では危険かとも思ったが、自分のペースで好きなように走れて楽しかった。日本と全く違う広大な景色に感動しました。
✻ ハワイで借りたスクーター。オアフ島を4分の1周しましたが、ワイキキを離れるとローカルな雰囲気もあり、4月下旬でまだ涼しい季節だったため、風を感じながら海を見て走るのが非常に気持ちよかった。

TRAVELER'S VOICE

### 鹿島光司
DATA：
204日の旅／滞在21カ国／男ひとり旅／1999年出発＜当時21歳＞

**A.** 中国の長距離バス。寝台バスで座席がありません。バスの中に2段ベッドがドカドカと並んでいました。知らない人が、すぐ横に寝ているというのも複雑な感じでした。

TRAVELER'S VOICE

### 菊池永敏&麻弥子
DATA：
1096日間の旅／滞在73カ国／夫婦旅／2000年出発＜当時28歳&25歳＞

**A.** ✻ サハラ砂漠縦断。ヨーロッパで走れないポンコツ車をセネガルに売りに行く西洋人の車をヒッチハイクして縦断。何日かかるか分からない砂漠地帯を、水と食料を持って縦断。良い経験でした。
✻ アマゾン川上り。3000kmを13日間かけて現地人とハンモックに揺られながらボロい旅客船での川上り。シャワーはアマゾン川の水で、船体に当たる音がするほどの蚊の大群に襲われたり、すごく退屈だったりしたが、2度とできない経験をした。
✻ モザンビーク→マラウィの自転車国境越え。距離は2km程度。現地人の後ろに乗り、30円程度での国境越え。

TRAVELER'S VOICE

### せつはやと&たしろさないち
DATA：
370日間の旅／滞在25カ国／カップル旅／2002年出発＜当時29歳&28歳＞

**A.** ✻ チリのサンペドロデアタカマからウユニにぬけるジープのツアーはよかった。標高5000mの山を抜けて、国境越え。途中フラミンゴのいるいろいろな色の湖を見たり、温泉に入ったり。世界最大の塩の湖、ウユニ塩湖は圧巻！
✻ ギリシャの船。3Eとか5Eとか信じられない値段で、快適なフェリーに乗れます。さすが島の国。
✻ ヨーロッパの電車、特に寝台電車はよかった。リスボン～マドリッドのホテルトレインは最高。アメリカのアムトラックもよかった。インターネットで全部予約できるし、ひとりぶんの料金でふたり乗れるとか、いろいろなキャンペーンをうまく利用しました。
✻ ビジネスクラスの世界一周航空券。普通に乗るのに比べると格安です。また、予約も取りやすいし、空港でも先に出られる。ラウンジが使える。思えばタイで温水シャワーを浴びたのは英国航空のラウンジだけだったかも。飛行機でゆっくり寝られるし、機内食やワインも断然うまい！などなど、1回1万円UP程度の差額をどう考えるかは、旅行のスタイル次第。

~旅先でのあれこれ~ **ON THE ROAD**

TRAVELER'S VOICE

### 竹之内秀行&ヨレンダ
**DATA:**
333日間の旅／滞在18カ国／夫婦旅／2002年出発＜当時25歳＆26歳＞

**A.** 金額は高いけど、ヨーロッパの「ユーレイル」。中でも、スイス縦断ができる「ゴールデンパス・ライン」。列車に乗りながら、絵に描いたようなスイスを体感できます。

TRAVELER'S VOICE

### 伊勢華子
**DATA:**
100日間の旅×2／滞在30カ国ちょっと／あるときは一人、あるときは仲間と一緒／2000年出発＜当時26歳＞

**A.** ポリネシアンカヌー、船、バス。飛行機のように、扉が閉まれば「はい、さようなら」とはいかないところが好き。別れを惜しみ手を振る友達が、だんだん小さくなって、やがて点になる。涙ほろり、こぼれます。

TRAVELER'S VOICE

### 古谷沙緒里&眞木聖未
**DATA:**
123日間の旅／滞在19カ国／女ふたり旅／2006年出発＜当時26歳（ふたり共）＞

**A.** ヨーロッパ圏で国を跨ぐ際の寝台列車。横になれるクシェットだけでなく、小部屋に数人が座ったまま寝るタイプもある。宿泊代を浮かして移動ができるので便利。どんな環境でも寝られるようになった。

TRAVELER'S VOICE

### 浦川拓也
**DATA:**
120日間の旅／滞在20カ国／男ひとり旅／2013年出発＜当時21歳＞

**A.** リマ→クスコのバス。CRUZ DEL SURという会社の運営しているバスで、デラックスシートの快適さは家レベル。32時間の移動も快適に過ごせました。

TRAVELER'S VOICE

### 吉村健二
**DATA:**
362日間の旅／滞在45カ国／男ひとり旅／2001年出発＜当時26歳＞

**A.** ✴︎アフリカ・エチオピア国境からケニア・ナイロビへ抜ける移動。主要交通機関がないので、物流の定期便トラックに乗りました。「ローリー」といった乗り物です。荷台には、ロバがいたり、牛がいたり。時々、牛の整理をするために止まったりします。
✴︎スーダン・ワディハルハから首都カルツームへの列車。週1便しかなく、途中、砂漠の中でガソリン切れで10時間も停車した。
✴︎アフリカ・マラウイのバス。巨大魚やニワトリや動物を連れて、いろんな人が乗り込んでくる。
✴︎イランの交通。イランでの近距離移動は乗り合いタクシーが主流。知らない人と4人ぐらいで一緒に乗るので、会話も弾んで友達もできたりするので楽しい。
✴︎インド北部鉄道。とにかくスリだらけ。スリルを味わうにはもってこい。
✴︎中国ゴルムドからチベット・ラサへの入国。闇タクシーの運ちゃんをつかまえて、金額交渉。サービスはドライバーによって様々。48時間、乗車しっぱなし。高山病も絡んで、とにかく過酷な移動。到着すると3日は動けない。

01. MOVE  125

## ~旅先でのあれこれ~ ON THE ROAD

✱ バングラデッシュのロケットボート。19世紀にタイムスリップしたかのような雰囲気。地元人でぎゅうぎゅう。バスなら5時間ぐらいで行く距離を、1日かけて移動する。夕日の美しさは抜群！

✱ バングラデシュのバス。好奇心旺盛なバングラ人に、とにかく、どこでも質問攻撃。1週間いれば、友達は100人以上できます。

TRAVELER'S VOICE

### 吉田有希
DATA：700日間の旅／滞在49カ国／夫婦旅／2007年出発＜当時26歳＞

**A.** 東南アジア（特に島）では、よくバイクを借りていました。1日数百円で借りられます。寄り道をしながら島を一周するだけで楽しいです。

さらに、おすすめのバイクの使い方は、観光バスに付いて行くことです。初めての場所でどこに行けばわからない。そのツアーに参加するほど余裕もない。そんなとき、これはめちゃくちゃいい手段です。目的地に着き、観光が終われば帰路につきます。つまらなければ、即帰ることもできます。また違うバスを見つけて付いて行けば、値段を抑えながら、何箇所もまわることができます。最後は、地元の大型スーパーなんかに寄って帰って来れば、買い出しもついでにできてしまいます。

TRAVELER'S VOICE

### 菅野翼
DATA：370日間の旅／滞在32カ国／女ひとり旅（時には仲間と）／2013年出発＜当時24歳＞

**A.** 便利かどうかは別として、アメリカをキャンピングカーで横断したのは最高に楽しかった！（映画『DON'T STOP』に影響を受けて、憧れていた。 http://dontstop.jp/）

TRAVELER'S VOICE

### 中里和佳
DATA：210日間の旅／滞在27カ国／女ひとり旅／2013年出発＜当時22歳＞

**A.** フィンランドからスウェーデンに行くときに利用した豪華客船『タリンクシリヤライン』。30ユーロほどで豪華客船に1泊できて、寝ている間に移動もできてしまう超優れた穴場移動手段だと思いました。

TRAVELER'S VOICE

### 二木俊彦
DATA：375日間の旅／滞在34カ国／男ひとり旅／2010年出発＜当時31歳＞

**A.** ✱ 各航空会社のファーストクラス
✱ モロッコ：ラクダ
✱ チリ：なぜか有料長距離トラックハイク

TRAVELER'S VOICE

### 清水直哉
DATA：90日間の旅／滞在14カ国／男ひとり旅／2009年出発＜当時21歳＞

**A.** ✱ モロッコのラクダは意外と乗り心地が悪くて印象に残っています！
✱ あとは、やっぱり日本の航空会社はサービスが丁寧で最高だなと、世界一周で最後に日本に帰国する時に乗ったJAL便で思いました。

Great Wall / China
万里の長城／中国

# MEMO 参考メモ

## 一生に一度は乗りたい！ 世界各国の鉄道を紹介！

飛行機で一気に移動……ではなく、少し時間をかけて列車で移動するのはいかがですか？
車窓に広がる景色をのんびり眺めたり、途中駅にある観光地にふらりと降りたり……
列車での移動は、世界をまた違う視点から見ることができるはずです。
超豪華列車から絶景列車まで、世界中にはユニークな列車がたくさんあります。
ここでは代表的な有名鉄道をいくつか紹介しておきますので、気になるものがあれば、ぜひ。

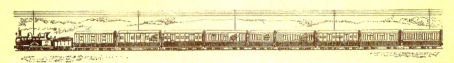

## ASIA アジア

### ★シベリア鉄道

ロシアの極東ウラジオストクからモスクワまで全長9000kmを超える、シベリア大陸を駆け抜ける世界最長の大陸横断鉄道。すべて乗り通すと7日間の長旅となる。タイガの森、白樺の林、世界遺産のバイカル湖、カムチャツカ火山など、荘厳な大自然が広がる。

### ★青海チベット鉄道

中国青海省の省都・西寧（セイネイ）からチベット自治区の拉薩（ラサ）まで、標高5072mの鉄道世界最高地点を越える世界一の高原鉄道。全長は1956km。日本では「天空列車」と呼ばれ、中国では「天路」と名付けられている。その名の通り、車窓に広がる景色はまさに天空世界。

## EUROPE ヨーロッパ

### ★オリエント・エクスプレス

ヨーロッパを駆け巡る豪華列車の代名詞。ロンドンとイタリアを結ぶベニス・シンプロン・オリエント・エクスプレスの車内はアールデコの寄木作りのアンティークな雰囲気で、列車そのものがアートと言われるほど。タイムスリップしたかのようなこの空間が醍醐味だ。

### ★ユーロスター

ヨーロッパの鉄道の代表と言えばユーロスター。イギリス海峡を渡る 約50kmの英仏海峡トンネルを通り、イギリスとヨーロッパとを結ぶ国際高速列車。最高時速300Kmで、ロンドンからパリまで約2時間15分、ブリュッセルまで約1時間50分で繋ぐ流線型が美しい高速列車。

## NORTH&CENTRAL AMERICA 北米&中米

### ★アムトラック

全米を走る鉄道アムトラック。サンフランシスコとシカゴを結ぶ人気の高い「カリフォルニア・ゼファー号」や、

東海岸から西海岸まで走る最長の大陸横断路線「サンセット・リミテッド号」、シカゴからロサンゼルスを結ぶ鉄道版ルート66「サウスウエスト・チーフ号」、アメリカ北部をカナダとの国境と平行に東西に横断する「エンパイアー・ビルダー号」など、魅力的な路線が多数存在する。大陸横断などを考えている人は、全米で普通座席に乗ることができるUSAレイルパスも活用しよう。15日、30日、45日の期間に応じて利用できる回数も違うので要注意。

# SOUTH AMERICA 南米

## ★雲の列車

雲の列車 (Tren a las nubes) は、アルゼンチン北部の州都サルタから、丸1日・約16時間かけて、アンデス山脈のポルボリージャ鉄橋（海抜4220m）との間を往復する。その名の通り、雲にも届きそうな高所を走り、高山病のための酸素ボンベや看護士も配備されているほど。走行中、音楽隊がアンデス音楽を奏でて旅を彩ってくれる。

# AFRICA アフリカ

## ★ブルートレイン

ギネスブックにも世界一豪華な列車として登録されている、南アフリカが誇る寝台列車。首都プレトリアから第2の都市ケープタウンまで様々な観光スポットに途中停車しながら、1600kmの道のりを約27時間かけて走る。「走る高級ホテル」とも呼ばれる快適な列車で、大自然の景観を楽しみながら、優雅な旅を。

## ★ロボスレイル

ロボスレイルが運行する「プライド・オブ・アフリカ」は、世界一流の旅を形にした豪華寝台列車。クラシックで重厚な室内装飾、五つ星クラスの豪華な食事、洗練されたサービスは、走る文化遺産とも呼ばれている。ケープタウンからタンザニアのダルエスサラームまで、魅力あるいくつかのルートで、アフリカの雄大な大地を巡る。

# OCEANIA オセアニア

## ★ザ・ガン

オーストラリアのアデレードからアリススプリングスを経由し ダーウィンを結ぶ世界で唯一大陸を縦断する列車。丸2日かけて大陸中央部を約3000km走るこの列車は、アウトバックと呼ばれる壮大な大地をゆく旅をじっくりと満喫するには最適の乗り物だ。

## ★インディアンパシフィック

インディアンパシフィックとは、その名前のとおりインド洋と太平洋を結ぶ世界で最も長い大陸横断長距離列車の1つ。ルートは、オーストラリアのシドニーからパースまでの全長4352km。グレートビクトリア砂漠の南に位置するナラボー平原を走る直線（478km）は世界一。

# MEMO 参考メモ

## 約100万円から行ける！ 世界一周の船旅はいかが？

自由を求めて世界に飛び出した大冒険の舞台と言えば、いつの時代も"船"だった。
コロンブスも坂本龍馬もモンキー・D・ルフィも、でっかい船にありったけの夢と希望と勇気を詰め込んで、大海原に漕ぎ出した……。

世界一周の移動手段として、船を利用するのはいかがでしょう？
船で過ごしているだけで次々と新たな場所に行ける。大きな荷物を日本で積んでしまえば後は軽いリュックひとつで旅先を巡れる。一度に大きな時差がなく体内時計を調整する必要がない。準備も後片付けも不要で、3食美味しい食事を堪能できる。退屈とは無縁の様々なエンターテイメント……と、快適な旅に欠かせない要素がいくつも揃う船の旅。

その分高額になり、一部の人々にしか縁がないと思われがちですが、それはまったくの誤解。リーズナブルなものも世の中にはたくさんあるのです。中でも、毎年3,000人以上もの人々が世界一周へと旅立っているピースボートの"世界一周の船旅"はオススメです。

気になる金額は、なんと100万円前後からとかなりリーズナブル！
20カ国前後を一度に巡る旅で、どこに行くのか？ という点が注目されがちですが、実は移動時間自体が大きな魅力でもあります。約1,000人もの老若男女が共に暮らす船上は退屈知らずで、訪れる場所『寄港地』の紹介企画や、様々な分野の専門家が開催する講座に音楽フェスティバルなど、実に多種多様な催しがあるのです。
10～20代が全体の4割、50～60代以上も4割を占めるという幅広い年齢層が乗船するのも大きな特徴で、世代を問わず交流できる場にもなっている世界一周の船旅なのです。

そもそもピースボートとは、1983年に設立されたNGO。船旅の企画・実施は、旅行会社（株）ジャパングレイスが行っており、問い合わせから相談、申込み、船上生活、寄港地でのツアーなど、基本すべて日本語となるので、言語の心配はまったくする必要がありません。
アジアの喧噪も、中東の歴史も、アフリカの自然も、ヨーロッパの文化も、中南米の活気も……。自転車を漕ぐようなゆっくりとしたスピードで海を進み、巡る20もの国と地域。
地球の色模様に触れる3ヶ月は、どんな大海よりも深く大きな感動となるでしょう。

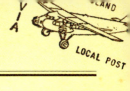

## 東西南北に散らばる魅惑の寄港地へ。

クルーズ毎に訪れる国や地域は異なりますが、楽しみ方は変わりません。その国の風光明媚な土地を訪れたり、異国情緒溢れる街並みを散策したり、世界遺産に酔いしれたり、ローカルレストランで舌鼓を打ったり、地元の人々と交流したり。楽しむバリエーションは無限大。

各寄港地では、"自由行動で楽しむ"か、"オプショナルツアーに参加する"という2つの行動スタイルがあります。前者は船を下りたら、港に待機するタクシーや自分の足まで、気の向くまま、思うままに出かけていくもの。後者は有料となるが、港からバスに乗り込み、ツアーに参加するものです。観光に特化したものや、現地の人々との交流に特化したものなどがあります。特に交流コースは、他に類を見ないピースボートならではの企画が多く、人気を博している要因のひとつにもなっています。

■世界一周の航路例

■この旅の問い合わせ先

## 「ピースボートセンターとうきょう」

http://www.pbcruise.jp/

世界で一番"世界一周"をしているだけに、旅の準備から、各地での楽しみ方まで知識が豊富で頼れる存在。まずは電話で相談してみたり、全国各地で毎週開催されている説明会に足を運んでみたりしよう。

01. MOVE 131

# MEMO 参考メモ

## 「動く家」と呼ばれるキャンピングカーで、自由に、快適に放浪しよう！

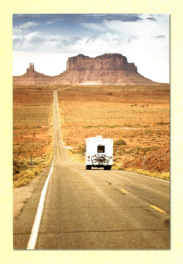

旅の移動手段として特にオススメしたいのが、宿と移動を兼ね備えた快適な乗り物「キャンピングカー」！ 各地で利用可能ですが、特に、広大な国土を持つアメリカでは、「モーターホーム」と呼ばれる大型キャンピングカーの旅が、ひとつのスタイルとして確立しています。全米各地に給水や排水、電源などが備わる専用のキャンプ場が整備されていて、快適にアメリカ大陸を縦横無尽に駆け巡ることが可能です。モーターホームは定員3名の小型車から8名の大型車まで、種類は様々。基本的にトイレやシャワー、キッチン、冷蔵庫、エアコン、テレビ、電子レンジが装備され、ほぼ自宅と変わりません。さながら「動く部屋」状態！ 釣竿やスポーツ用品、マリングッズ、BBQセット、自転車などを積み込めば、遊び方も無限に広がります。

宿とレンタカーを兼ねるので、料金もそこまで高くありませんし、ヒッピーさながら、好きな人と、好きな時に、好きな場所へ移動しながら暮らす幸せを、ぜひ経験してみよう！

## INFORMATION

■アメリカ・カナダで、レンタルキャンピングカー（モーターホーム）を利用して、"オンリーワン"の旅を楽しんで欲しい！ というコンセプトのモーターホームの旅専門旅行会社「トラベルデポ」。現地に日本人スタッフを常駐させているので、すべて日本語での手配依頼や相談が可能。旅の準備段階はもちろん、現地滞在中も日本人スタッフによる24時間サポートがあるため、とても安心できます。旅の日数や行き先等、オーダーメイドでアレンジ出来るので、まずは気軽に相談してみよう。

【トラベルデポ】 http://www.motor-home.net/

■RVパークと呼ばれるキャンピングカー用のキャンプ場は、アメリカ中どこにでもありますが、広さも景色も衛生面も、千差万別。キャンプ場選びは、キャンピングカーでの旅の楽しさを左右するひとつのポイントになります。何も決めずに行き当たりばったりの旅を楽しみたい人は、もちろんそれもいいですが、ある程度、事前に旅のコースが決まっている人は、出発前に日本語で「トラベルデポ」に相談しておくか、下記の英語サイトを使って調べておくと、より楽しめるかもしれません。

【WOODALL'S】 http://www.woodalls.com/ 　全米のキャンプ場検索サイト
【KOA】 http://koa.com/ 　全米にキャンプ場を持つ大手チェーン

■ちなみに、アメリカもいいけどオーストラリアをキャンピングカーで旅したい、と言う人はこちらへ。車の手配から、もろもろの相談まで、日本人が対応してくれます。

【Nature's Beat】 http://www.naturesbeat.jp/

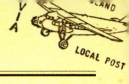

## アメリカ・キャンピングカーの旅　コース例
アメリカには、楽しい旅のコースは無限にありますが、参考までにオススメコースをいくつか紹介します！

### COURSE: 01　GRAND CIRCLE ROUTE
グランドサークル・ルート

#### 定番はやっぱり、グランドサークルでしょ！
アメリカ西部のグランドサークルと呼ばれるエリアには、グランドキャニオンをはじめとして、素晴らしい自然が盛りだくさん。国立公園も多く、もちろん、素敵なキャンプ場にも事欠かない。ロサンゼルスでキャンピングカーを借り、ラスベガスに寄って、グランドキャニオン、レイクパウエル、モニュメントバレー、ザイオンキャニオン、セドナなどに寄りながら、ロサンゼルスに戻る。もちろん、長いに越したことはないが、最低10日間くらいはほしい旅。

### COURSE: 02　ALASKA HIGHWAY ROUTE
アラスカハイウェイ・ルート

#### アラスカハイウェイも、ぜひ。
カナダの西北部の町ドーソンクリークから、アラスカ中部の町フェアバンクスを繋ぐハイウェイが、アラスカハイウェイ。カナダのバンクーバーあたりでキャンピングカーを借りて、アラスカハイウェイを通ってアラスカへ。その後、アラスカのキャンプ場をまわりながら、大自然をおもいっきり楽しむ……という旅。これは、移動距離も長いし、最低3週間くらいは必要。でも、一生の思い出に残る旅になること、間違いなし！

01. MOVE　133

# MEMO 参考メモ

## Course: 04 Florida Route
フロリダ・ルート

### フロリダも、やばいよ。

冬でも、沖縄よりあったかい、フロリダ半島をまわる旅も最高。オーランドでモーターホームを借りて、まずは、ディズニーの経営するキャンプ場に泊まりながら、テーマパーク群をエンジョイ。その後、デイトナやココアビーチなど、東海岸のビーチを楽しみながら南下してマイアミへ。マイアミのサウスビーチで遊んだら、さらに南下して最南端の島キーウェストへ。やっぱり、7マイルブリッジは渡っておかないとね。キーウェストでは、オンザビーチのキャンプ場もいっぱいあるし、ストーンクラブやコンク（ミル貝）もメチャうまい。その後、世界トップ10に入るといわれる天然ビーチたちを楽しみつつ、西海岸を北上しながら、オーランドへ戻る旅。これも、最低2週間はほしい。

## Course: 03 California Route
カリフォルニア・ルート

### カリフォルニアも最高だよね。

西海岸の海沿いを南北に走るパシフィック・コースト・ハイウェイ（PCH）も、気持ちいい場所だらけ。素敵なビーチやキャンプ場はもちろん、巨木の森から小さなかわいい町まで、周辺も充実。サーファーや釣り人はもちろん、海を愛するすべての人にとって、至福の旅になるだろう。最低1週間くらいから、できれば永遠に。

## Course: 05  Cross America Route
アメリカ横断・ルート

### せっかくだから、アメリカを横断しちゃうか？

ロサンゼルスでキャンピングカーを借りて、ニューヨークまで横断しちゃうか！　なんていうのも、全然、楽勝。西海岸から東海岸まで、大まかに約3000マイル（約4800km）として、少し忙しいが、最低2週間くらいあれば、気に入った場所にちょこちょこ寄りながらの横断が可能。アメリカ中、どこに行ってもキャンプ場はいっぱいあるので、特に予約もいらないし、風に吹かれながら、自分の好きなように、走っていけばいい。まぁ、普通車ではなく、せっかくキャンピングカーに乗っているので、都会中心の旅にするよりは、自然を中心に、国立公園などをまわりながらの旅が楽しいだろう。

### せっかくだから、本物のヒッピーになっちゃうか？

キャンピングカーでの旅を経験して、もし本気で気に入ったら……本物の放浪者、ヒッピーになっちゃうのも面白い。家と車を兼ねるキャンピングカーが中古ならば100万円前後から買えるし、あとは自炊しながら暮らせば、月々数万円もあれば生きていける。サーフィンやアートや音楽など、自分の好きなことをしながら放浪の旅を続け、また、観光ビザが切れたり、お金がなくなったりしたら日本に戻って稼いで、お金が貯まったら旅に戻り……なんていう生活をしているうちに、いつの日か、自分の創る作品が売れるようになって、アメリカでアーティストとしてデビュー！　なんていう物語も、夢じゃないかもよ？　ビバ！　ライフ！

01. Move    135

The Wave / USA
ザ・ウェイブ／アメリカ

ON THE ROAD: 02

# Stay

スイートルームから野宿まで…宿について

# スィートルームから野宿まで…宿について

text by Ayumu Takahashi

オレたちは、根本的に、コースも期間も決めてない旅だったから、宿なんて、もちろん、すべて行き当たりばったり。
予約していった宿は、旅の最初のホテルの3泊だけだったと想う。

まぁ、男一匹、さすらいのひとり旅とかだったら、宿なんてどこでもよかったんだろうけど、オレたちは、一応、ハネムーンだったからね。しかも、さやかは元銀座OLだし。
旅を楽しむ上で、どれだけ安く楽しく過ごせる宿とめぐり合うかっていうのは、すごく大きかった。

でも、旅の最初の頃は、どうやって宿を探せばいいのかもわかんないし、タクシーの運ちゃんや客引きにお任せで、高くて変な宿に泊まっちゃうことも多かったけど、慣れてくれば、宿探しなんてどうにでもなるもんだ。

まぁ、オレたちの基本的な宿探しのパターンとしては、まず、その町の空港なり、駅なりに着いたら、タクシーに乗って町の中心部に行く。そこで、そのあたりの良さげなカフェに入って一服した後、さやかにカフェで荷物を見ておいてもらって、オレはひとりで宿探しに出発。いろいろ歩き回りながら、宿っぽい建物に入っていっては、「ステイ、オッケー？　ハウマッチ？」とか適当に言いながら、値段的に問題ない範囲なら、部屋を見せてもらった上で、1週間分予約。それで、さやかの待っているカフェに戻って、さやかとふたりで宿にチェックイン、みたいな感じだった。

到着が夜の場合とかは、いきなり夜の街を歩いて宿探しするのは面倒だったし、さやかをひとりで待たせておくのもちょっと心配だったから、空港や駅からタクシーに乗って、有名な高級ホテルに行ってもらって、とりあえず1泊してたね。そんで、次の日にチェックアウトして、朝から町の中心に行って、あとは、同じパターンで宿を探してた。

もちろん、バンコクのカオサンやカルカッタのサダルみたいな有名な安宿街がある場合は、直接そこにタクシーやバスで行ってから、歩いて宿探しをしてたし、空港や駅や港やバス停にいる客引きに宿のパンフレットを見せてもらって、良さげだったら、もうそこに決めちゃって、車で連れて行ってもらってたこともあるし、まぁ、いろいろだったけどね。


「たまにはいいじゃん！ ハネムーンだし！ クレジットカードあるし！」とか勝手に言い訳しながら、なにげに、高級なところにも泊まってた。

オーストラリアのケアンズ沖にあるベダラ島っていう超素敵なリゾートに泊まったときなんかは、最高のスイートコテージでとろけたね。あらゆる酒がすべて飲み放題だったから、さやかは赤ワイン風呂とか入って満足そうだったし、オレはオレで、テラスで気持ちのいい潮風に吹かれながら、クラプトン聴きながら、極上のシャンパンに酔いしれてた。

スペインでは、さやかのお姫様ドリームを叶えるために、わざわざ何時間もバスに乗って、古いお城を改造した豪華なホテルにも泊まった。有名シェフの料理やワインもおいしかったし、古きよきヨーロッパを感じさせる小さな城下町も素敵だったし、夕方になると鐘が鳴り、鳩が飛ぶみたいな風景もすごく新鮮だった。

ケニア、タンザニアのナショナルパークを回っているときも、素敵なネイチャーホテルが多くて驚いた。もちろん、値段は高かったけど、360度広がる、あの素晴らしき野生の王国を見渡しながら、おいしいアイスコーヒーを片手に、ゆっくり過ごす午後の幸せはなかなかないぜ。伝統的なマサイの文化と現代の西洋文明がうまくミックスしているホテルもあって、気持ちいい時間が過ごせた。

シンガポールのラッフルズや世界のアマンといった各地で人気のあるホテルも、やっぱり一度は見ておかないとなってことで、泊まったり、ご飯食べに行ったりしてた。

02. STAY  **141**

あと、南米や東南アジアの物価の安い国では、かっこいいデザインホテルに泊まっても、1泊2人で2000円とかザラだったから、調子こいてけっこう泊まってた。


でも、もちろん、そんなに金があるわけじゃないし、宿選びに失敗することもあるし、いつも爽やかな宿でラブラブっていうわけにもいかず、やばい宿に泊まることも多かった。

今、ふっと思い出せるだけでも、けっこうあるな。
旅の最初の頃、オーストラリアのシドニーで泊まった宿はトイレの隣で超臭くって耐えられずに1泊で速攻で逃げ出したり、モーリシャス島で泊まった安宿のシャワーが壊れて電気を帯びてて、あやうく電気ショックを受けて死にそうになったこともあったし、イースター島の安宿に泊まったときは、朝起きたら、ふたりとも変な虫に身体中を50箇所くらい刺されて、さやかが激怒したり、インドとネパールの国境の町スノウリでは、赤い豆電球だけの独房みたいな部屋に泊まって発狂しそうだったし、サハラ砂漠の真ん中で泊まった小屋は、暑いし寒いしハエ天国だったし、宿って言うにはあれだけど、モンゴルのゲルで暮らしているときは、新婚早々、さやかに野ぐそさせることになっちゃうし……。
まぁ、こんなもの挙げだしたら、きりがない。

まだ、宿があればマシって意味では、飛行機の時間があわなくて空港のカフェや地面で寝たことも何度もあるし、揺れまくる夜行バスでまったく眠れずに辛かったこともあるし、まぁ、いろいろあった。

世界一周の旅中は、王様になったり、浮浪者になったり、日々、忙しかったよ（笑）。

2. Stay　スイートルームから野宿まで…宿について

# VOICE　世界一周経験者たちの声！

**Q.** QUESTION: 06

世界中を旅しながら、日々の宿はどうやって探していましたか？ また、宿を決める際に注意していたことや失敗談などを含め、宿選びのコツなどがあれば聞かせてください。

~旅先でのあれこれ~ **ON THE ROAD**

TRAVELER'S VOICE

## Sachiko
**DATA:**
226日間の旅／滞在19カ国／女ひとり旅／2001年出発＜当時21歳＞

**A.** ✽ニューヨークのユースホステル以外は、だいたいその日に決めました。最初の段階ではインターネットの情報やガイドブックを参考にしましたが、旅先で知り合った旅行者の評判のほうが、より具体的でいいと思います。情報も旅行者からの口コミも得られなかった場合は、駅のインフォメーションセンターで聞きました（このケースはあまりありませんが）。
✽宿選びで注意する点は、その宿の様子がよくわからない場合は、必ず部屋を見て決めることだと思います。電話で予約するのは出会った旅行者のお墨付きがあったものだけ。何回か客引きの宿まで行ったことがあったのですが、誰も宿泊客がいなくて、暗いところや裏道にあって、夜が危険そうな宿もありました。シャワーはついているのに水がでないところもありました。多くの客でにぎわっているところは、やはりそれなりに居心地がよかったです。

TRAVELER'S VOICE

## 樽家彰宏＆愛
**DATA:**
1029日間の旅／滞在101カ国／夫婦旅／2001年出発＜当時33歳（夫・妻共）＞

**A.** 予約はしないで、その場で数件まわって決めたり、客引きについていったりといろいろ。宿を決めるポイントは、電源があること、ベッドが柔らかすぎないこと、そして、壁の厚さ。隣にうるさい欧米人が泊まり合わせたときなど、大きな声が筒抜けでなかなか寝つけないことがあった。それ以来、ベニヤ板の壁の宿、または天井近くがあいていて隣の部屋とつながっている宿は絶対に泊まらないようにしていた。また、東アフリカでは治安に常に気をつけていた。ベランダの鍵が壊れていた部屋があったので、部屋を変えてもらったことがあった。あと、泥棒宿も多いので、そのような宿は旅行者の噂になるので、旅行者同士の情報交換は役に立った。特にアフリカのような情報の少ない地域では重要。

TRAVELER'S VOICE

## 渡邊賢
**DATA:**
140日間の旅／滞在27カ国／男ひとり旅／2003年出発＜当時31歳＞

**A.** 現地での情報収集も日本語でできるに越したことはないと思い、日本であらかじめネット等で日本人宿の評判や所在地を調べていきました。その他、次に向かう街で宿のあてがない場合でも、だいたい自分の目指す街からやって来た人に会うので、その人に宿の名前を聞いて尋ねていきました。

TRAVELER'S VOICE

## 二木俊彦
**DATA:**
375日間の旅／滞在34カ国／男ひとり旅／2010年出発＜当時31歳＞

**A.** ✽前の国での宿ノートや旅人同士の情報収集が主。
✽ホステルブッカーズ（HostelBookers）やホステルワールド（Hostelworld）は、先進国ではとても役に立ちます。
✽国や宿によってですが、ホテルに貴重品を置いておいて大丈夫な国、危険な国などいろいろあるので見極めは難しいが、基本泥棒も簡単なところから取りたいので、なるべくチェーンをつけるとか、バックパック用の金網つけるとか工夫しておくと、他の荷物よりは狙われづらい。自分が泥棒ならどんなバックパックを狙うか考えると良くわかります。

TRAVELER'S VOICE

## せつはやと&たしろさないち
**DATA:**
370日間の旅／滞在25カ国／カップル旅／2002年出発＜当時29歳＆28歳＞

**A.** ✲基本は、ほとんど現地に着いてから、実際にホテルを見て交渉していました。空港、バスターミナル、駅、どこにでも客引きはいるので。見分け方は、うーん、なんともいえないですが、何度か失敗すれば、すぐ分かります。少々強く言ってもいいので、まずは高圧的に交渉して、それでも引き下がらない人に、具体的な交渉を始め、よければ握手かな。で、その後も現地ガイドみたいにその人にいろいろ面倒をみてもらうと、滞在が楽しくなるだけでなく、安心、安全。わかりやすく言えば、「お金を落とす相手をひとりに決めること」が大事です。とくに南米では、アミーゴとして後ろ楯になってもらうことが、安全上、思っている以上に大切な場合があります。

✲行きたいホテルがはじめから決まっているときは、直前のホテルから電話して取りました。そのホテルの人に頼むというのもいい方法。何ドルかのチップで完全な予約をとってくれるので。大陸間移動など、行った先がどうなっているのか治安の予測がつかないときは、前の国からインターネットで予約しました。リクルートのサイトやhotels.comとか。中級以上のホテルが断然安いです。また、寝台電車や船などを宿代わりにしたりしました。どんな国でも野宿は絶対にしませんでした。野犬、物乞い、おいはぎ、強盗、拉致など危険がいっぱいなので。「猿まね岩石」が、一番ヤバイと思います。

TRAVELER'S VOICE

## 吉村健二
**DATA:**
362日間の旅／滞在45カ国／男ひとり旅／2001年出発＜当時26歳＞

**A.** ほとんどは『旅行人』というガイドブックに紹介されている宿に泊まりました。ただ、紹介のない地域に関しては、歩き回って適当なところに泊まりました。宿選びのコツとしては、オーナーの人間味ですね。仲良く話ができる人だと、そこに現地の人も集まって仲良くなれる。オーナーが無愛想だと、それだけで旅がつまらなくなる。たいていオーナーとモメた宿は、2、3日気分が悪い。中欧とかだと、現地の人が家の部屋を宿として貸し出したりしているので、仲良くなりやすく、面白い。また、日本人宿も、けっこう個性の強い人たちが多いので、気分転換にはよかったです。

TRAVELER'S VOICE

## 古谷沙緒里&眞木聖未
**DATA:**
123日間の旅／滞在19カ国／女ふたり旅／2006年出発＜当時26歳（ふたり共）＞

**A.** ✲治安の悪い国、飛行機での到着が深夜になる国は、前もって日本で宿を決め、予約をしておきました。それ以外は、ほとんど現地に着いてから決定。ガイドブックに載っていた宿を選んだり、観光案内所で相談して決めたり、出会った日本人に聞いた宿に泊まったり、現地の客引きもよく利用しました。

✲出会った日本人の情報で泊まった宿は、やはり良かったです！　基本、ドミトリーが多かったので、宿泊者の雰囲気がとても重要！　口コミは間違いないです。

✲客引きで決める場合は、必ず部屋とベッド、シャワー室をチェックしてください。客引きについて行き、泊まったローマのホテルは窓がなく、入った瞬間、部屋とベッドがジメジメしていました。ちょっと不快だな……と思いながらも、ふたりひとつのベッドでその日は寝たのですが、次の日の朝、ふたりとも痒さで目が覚め、お昼には全身（顔にも）ブツブツが出ました。ベッドに毒虫がいたようで、毒が全身にまわり、病院で手当をしてもらったのですが、1カ月はまわりの人がビックリするほど、全身にブツブツの痕が残りました。でも！　客引きで成功した例もたっくさんあります！　素敵なオーナーに出会えれば、その国の旅は薔薇色！　出会いを恐れないで！

~旅先でのあれこれ~ **ON THE ROAD**

TRAVELER'S VOICE

## KIKI
**DATA:**
85日間の旅／滞在14ヵ国／女ひとり旅／2002年出発＜当時27歳＞

**A.** ガイドブックなどで、何軒かは目星をつけている場合が多く、そこが満員なら、その周辺で探すという行き当たりばったり。でも、到着が夜の便（飛行機の場合）なら前もって予約を入れていたし、客引きについて行くこともあったり、観光案内所で紹介してもらったり……とバラバラだったので、値段などのランクも安宿から普通のホテルまで幅広く泊まりました。ただ、女ひとりなので、アラブ圏では、日本人の人が情報ノートなどで薦めていた宿に行くことが多かったです。

TRAVELER'S VOICE

## 斎藤賢治＆明子
**DATA:**
141日間の旅／滞在21ヵ国／夫婦旅／1994年出発＜当時34歳＆27歳＞

**A.** 着いたところで、ツーリストインフォメーションで紹介してもらうことが多かったです。インフォメーションが閉まっているとか、ないときは、その辺にいるバックパッカーに聞くか、タクシーの運ちゃんにだまされるのを承知で尋ねたこともあります。

TRAVELER'S VOICE

## 菊池永敏＆麻弥子
**DATA:**
1096日間の旅／滞在73ヵ国／夫婦旅／2000年出発＜当時28歳＆25歳＞

**A.** 基本はガイドブックを見て、地理的、経済的にいい所を選んでいました。注意事項は、見た目に騙されないこと。電気がつくか、水が出るかの確認は必ずしていました。場所によっては、のぞき穴がないか、鍵がしっかりかけられるか等を必ずチェックしていました。インド以西はのぞき穴があったり、鍵穴を使ってのぞかれたりするので女性は注意が必要です。アフリカでは、ベッドのノミ、ダニチェックも欠かせませんでした。一晩で200箇所以上喰われた経験もあります。

TRAVELER'S VOICE

## 浦川拓也
**DATA:**
120日間の旅／滞在20ヵ国／男ひとり旅／2013年出発＜当時21歳＞

**A.** 「地名 安宿 ブログ」で検索していました。ホステルワールドなどのレビューよりも、日本人の声で書かれているので失敗がほとんどありません。全く情報がないときは、日本人宿を検索して宿泊することもありました。

TRAVELER'S VOICE

## 鈴木忍
**DATA:**
155日間の旅／滞在14ヵ国／夫婦旅／2001年出発＜当時32歳＞

**A.** その地域によって予約や探し方がまちまちです。注意していたことは、まず予算を決めること。部屋を見ること。ドミトリーはいやだったので、現地に着く前から、「地球の歩き方」などで駅周辺の中級のめぼしい宿をチェックしておき、まず、駅でコインロッカーに荷物を預け探しました。宿が決まり次第、すぐに荷物を取りに行きました。飛行機で移動した場合は、旅行会社に依頼したり、空港の宿インフォメーションやガイドブックに出ている宿に電話しました。それでも見つからない場合は、バスでその都市のメインストリートまで行き、歩いて当たりました。ですから、移動は極力暗くなる前にスケジュールを立てました。クレジットカードのサービスも使えます。世界各都市に日本語OKのフリーダイアルもあり、聞くだけ聞いて値段を調べました。でも、カード会社は少し高いようです。

~旅先でのあれこれ~ **ON THE ROAD**

TRAVELER'S VOICE

### 吉田有希
DATA:
700日間の旅／滞在49カ国／夫婦旅／2007年出発＜当時26歳＞

**A.** 基本的には、到着してから探していました。ただ、到着時刻が遅くなることが初めから分かっていたとき、また物価が高く安宿があまりなさそうな地域に行く場合は、インターネットで、事前に予約することもありました。

TRAVELER'S VOICE

### 菅野翼
DATA:
370日間の旅／滞在32カ国／女ひとり旅（時には仲間と）／2013年出発＜当時24歳＞

**A.** ✳︎ アジアや中南米では、飛び込みや、旅人情報やネットが主。
✳︎ ヨーロッパは、ネットで早めに予約(安いところは早く埋まってしまうのと、早い方が安い場合が多い)。
✳︎ 飛び込みの時は必ず部屋を見せてもらい、WiFiやコンセントの有無、HOTシャワーや鍵の確認をしてから値段交渉。WiFiはフロント付近では使えても、実際部屋で使えないなんてこともしばしば。
✳︎ インドでは雨漏りが半端なくて、朝になる頃にはベッドの半分がびしゃびしゃだったり。
✳︎ 選ぶコツは、ネットだと比較サイトによって同じ宿でも値段が違ったり、連泊で入れるとぐっと値段が下がったりするので、金額抑えたい人はいろんなサイトでチェック。

TRAVELER'S VOICE

### 中里和佳
DATA:
210日間の旅／滞在27カ国／女ひとり旅／2013年出発＜当時22歳＞

**A.** ✳︎ 東南アジアや南米は、現地で、直接飛び込みで宿を見つけていました。そこで出会った旅人の情報で宿を見つけたり、出会った旅人に付いて行って同じ宿に宿泊したりしていました。
✳︎ ヨーロッパなどでは、『ホステルブッカーズ(HostelBookers)』などのアプリを使って見つけていました。宿選びのコツはやはり信頼できるレビュー。さくらのようなレビューもたまにありますが、過去の宿泊者の意見はとても参考になります。私は値段と立地・清潔感を重視していました。失敗談としては、男女混合のドミトリーにした際、10人中9人が男性で、女子ひとりということが数回あったことです。二段ベッドが入り組むように密集して置かれている部屋では、匂いやいびきがきつく、また女性ひとりということで不安もありました。

TRAVELER'S VOICE

### 清水直哉
DATA:
90日間の旅／滞在14カ国／男ひとり旅／2009年出発＜当時21歳＞

**A.** ✳︎ 基本的には現地に到着してからメインストリートなどに行って探すなどしていました。ただ、夜遅い時間に到着する場合などは、インターネットなどで調べて予約しておきました。ホステルワールド(Hostelworld)などのWEBサイトをよく使っていました。
✳︎ 日本人宿などの安宿に泊まると、『情報ノート』という宿泊した旅人たちが周辺の国の情報を雑多に書くノートがあるので、それを見たりして情報を調べていました。
✳︎ 宿は、海外に行って旅をしていればどうにでもなります！

White Sands / USA
ホワイトサンズ／アメリカ

MACHU PICCHU / PERU
マチュピチュ／ペルー

ON THE ROAD: 03

# Food & Drink

世界中で安くおいしいものを食べるために

## 世界中で安くおいしいものを食べるために

text by Ayumu Takahashi

旅先での食べ物＆酒。
これは、大きいな。

単純にうまいものを食ってるとハッピーな気分になるしね。
誰にでも、旅中に不運なことやイラつくことが重なることがあると想うけど、オレたちの場合、そんなイライラの悪循環をきるのは、やっぱり、おいしいものを食べることだった。

さやかとケンカしたときも、おいしいものを食べて仲直り。
もちろん、それが基本だったし（笑）。

だって、「これ、うまい！ おいしいね！」とか笑顔で話しながら、ケンカしたり、イラついたりできる人は少ないじゃん。

まぁ、オレたちは、屋台フェチなので、世界中どこに行っても、屋台で食べることが多かった。まず、安いし、食べたいものを、「これ！」って指差せばいいだけだから頼みやすいし、地元の人とぐちゃぐちゃにチャンプルーしてる感覚が好きだった。

もちろん、地元の安いレストランにもよく行ったけど、まず、メニューが読めないのがネックだよね。英語ならまだしも、アラビア語とかロシア語とかマジで意味不明だったし。
そんな場合に、オレたちが考えた作戦は以下のとおり。

まず、その国に入ったら、地元の市場やスーパーの食品コーナーをウロつきながら、食材の名前リストを創る。例えば、肉コーナーの上に書いてある文字は「肉」っていう意味だろうし、にんじんが入っているかごに書いてある文字は「にんじん」だろうし、麺の袋によく書いてある文字は「麺」だろうし、

読めなくてもいいから、その文字をメモっておいた上で、レストランへ行く。

そして、さっき作った食材の名前リストを見ながら、メニューを見ると、なにげに、けっこうわかるんだよね。もちろんわかんない文字もいっぱいだけど、わかんない文字は、「これ、『炒め』っていう意味じゃない？ いや、もしかして『スープ』っていう意味？ まぁ、頼んでみるべ」って、さやかと話しながら、試しに注文してみて、当たったり外れたりしていくうちに、自然とわかるようになってくるんだよね。まぁ、時間はいくらでもあるわけだし、単純に、「うまい料理、発見ゲーム！」としても面白かった。

もちろん、すべての国でこんなに手間の掛かることをしていたわけじゃなくて、レストラン内をトコトコ歩き回って、他の人の食べているものでうまそうなものがあったら、「あれ！」って指差して自分も同じものを注文してみたり、まず、安いものを頼みまくって、おいしいものがあったら、店員さんにその料理の名前を紙に書いてもらって、次からもそれを食べるとか、世界中のあらゆる国で、安くおいしいものを食べるために、いろいろと作戦を練ってたよ。


旅中に、日本食が食べたくなるか？
そりゃ、なるでしょ。狂おしいほどに、愛しかったね。
おいしくて安い日本食レストランなんか見つけちゃった日には、中毒患者状態で通ってたよ。

「うなぎ」って書いてあるのに、なんかぎらぎらの変な魚が出てきたり、「これ、ちゃんと炊いた？」って想うくらいに、ごはんがパサパサで乾燥しまくってたり、まぁ、突っ込みたくなることも山盛りだったけど、いろいろ文句を言いながらも、やっぱり通ってた。

印象に残ってるのは、スペインのマドリッドにあった「どん底」っていう名前の日本食レストラン。まぁ、店名はさておき、豚しょうが焼き定食とか、信じられないほどうまくって、ふたりで大はしゃぎしながら食べてたのを覚えてる。
さやかなんか、とりつかれたように、3日くらい連ちゃんで食ってたし。

03. FOOD&DRINK **155**

あと、バックパッカーズやYMCA、コンドミニアムみたいに、キッチンがある宿が世界中にあったから、そういうところに泊まって、自炊して日本食を食べることも多かった。

世界各地で日本の食材が売ってる店を探しては買い込んだり、友達に日本から郵便局留めで送ってもらったりしながら、日本食恋しさに、あの手この手を尽くしてた。

日本から遠く離れた国の安宿のキッチンで、おにぎりとか、味噌汁とか、ざるそばとか、筑前煮を作ったり、梅干やカップ焼きそばUFOを食いながら、「マジうめぇ！ これだよ、これ！」なんて、涙目でシャウトしまくってた（笑）。

あと、やっぱり、最強の救世主は、世界中にあるチャイナタウンだな。
マジで中華リスペクト！
オレたちの旅中の主食は、中華料理かもしれない。

世界中どこに行っても、必ずと言っていいほどチャイナタウンはあったし、全体的に安いし、なじみがある味だし、心が和むんだよね。

安い日本料理がない町では、かなり通ってた記憶がある。

あと、中国人の店員さんと漢字で筆談するのも笑えた。南米にいるのに、メモ帳に漢字で「梅酒」とか書いて、ちゃんと梅酒が出てくる喜びは忘れない。

もちろん、世界中の酒にも酔ってきたね。

南国系、赤道系の暑い国では、やっぱり、ビールやラムがうまかった。

毎晩のように、その国独特の香辛料の効いたピリッと辛いものを食べながら、冷たいビールやラムを飲みながら、出逢った人たちといろんな話をしたり、さやかとふたりで、今日見たものや感じたことを話したりっていう時間があったけど、なんかピースでさ。

オレたちの場合は、どちらかというと、山よりも海の近くを旅することが多かったから、世界中のビーチレストランで、潮風に吹かれながら、その国のビールやラムを飲むっていうのが、旅の楽しみのひとつでもあった。

03. Food&Drink

もちろん、なに、これ！ ウェ〜っていうような、まずい酒もいっぱいあったけど（っていうか、まずいほうが多かったけど）、まぁ、そのへんはとりあえず飲んでみないと始まらないから、いろいろ試してはゲロったりしてた。

でも、一番きつかったのは、地元の人に振る舞われた酒が超まずかったときだよね。モンゴルの遊牧民のおじいちゃんが、最高のスマイルで、「ハイ、これを飲んでごらん」みたいに注いでくれた羊のミルク酒とか、ひとくち飲んだら信じられないほどまずいんだけど、途中で残すわけにもいかないし、「うん。グッド、グッド♪」とか言いながら、魂入れてイッキ飲みしたりとかさ。オレ、久しぶりに作り笑いしちゃったよ（笑）。


もちろん、いろんな国で、腹を下した。
でも、海外で好きなものを好きなだけ食ってたら、ある意味あたりまえのことだし、腹が痛くなってきたら、「きた！ きた！」って感じで、日本から持参した正露丸をぱくぱく飲んで、部屋で爆睡するのみっていう感じで、いつも数日で治してたよ。

ただ、ひとつだけ守っていたルールは、なま水は飲まないっていうこと。
水だけは、さすがに怖かったから、常にミネラルウォーターを買ってた。

マジな話、子どもの頃からそんなに胃腸とか強いほうじゃないオレでもその程度だったから、明らかに腐ってるものとか食べない限り、特に心配する必要はないと想うぜ。

せっかくの旅だし、なんでも食ってみよう！ なんでも飲んでみよう！ の精神で、おもいっきり楽しみたいよね。

3. Food & Drink　世界中で安くおいしいものを食べるために

# VOICE　世界一周経験者たちの声！

**Q.** QUESTION: 07

世界中の国々で味わった食べ物や飲み物の中で、「あれはおいしかった！」と印象に残っているものを教えてください。

~旅先でのあれこれ~ **ON THE ROAD**

TRAVELER'S VOICE

## Sachiko
**DATA:**
226日間の旅／滞在19カ国／女ひとり旅／2001年出発＜当時21歳＞

**A.** たくさんあります！ 南インドの裏道で食べた15ルピーのターリーは涙がでるほどおいしかったです。食べ放題なのでインドで3キロくらい太りました。ドイツの豚肉のステーキとジャガイモにビール、ギリシャのヤギのチーズとオリーブのサラダ、モロッコのオリーブオイルをつけたアラブパンとミントティーのランチ、トルコのドネルケバブ、チェコのビール……。

TRAVELER'S VOICE

## 樽家彰宏&愛
**DATA:**
1029日間の旅／滞在101カ国／夫婦旅／2001年出発＜当時33歳（夫・妻共）＞

**A.** ✻南インドの「meals」。定食のようなものです。バナナの葉っぱの上にご飯と数種類のカレー、ヨーグルトなどがついていて、手で食べる。ハマってしまって、毎日2回は食べていました。
✻エチオピアの国民食インジェラ。前評判は悪かったのだが、食べ慣れてくると、これもハマってしまった。特に断食用の肉なしの具が乗っているインジェラはおいしかった！ たまに思い出す懐かしい味です。
✻チェコのビール。ピルスナー発祥の地というだけあって、ビールのうまさは世界一だと思う。
✻中華料理。世界三大料理だけあって何でもおいしかった。どんなに田舎の小汚いレストランに行っても外れがない。まあ、味の素を山ほど使うので、安食堂ならばそれほど味に差が出ないかもしれないが。
✻日本食。世界各地で日本食を食べたが、味とコストパフォーマンスが一番だったのは、ネパールのカトマンズ。とにかくおいしくて、1日1回以上は日本食を食べていた。あと、ブラジルのサンパウロの定食類もレトロな感じでよかった。

TRAVELER'S VOICE

## 鈴木忍
**DATA:**
155日間の旅／滞在14カ国／夫婦旅／2001年出発＜当時32歳＞

**A.** 基本的に、ヨーロッパは料理もおいしいし、ワインが凄く安いので、毎日1本飲んでいました。あとは、イースター島で食べたエンパナーダというツナやチーズなどをはさんで揚げたパンもおいしかったです。ブラジルサンパウロのとんかつ屋さん（カツ膳）では下手な日本の店よりコロッケ、カツがおいしかった。オーストラリアでは、どこへ行っても無料で使えるBBQコンロが設置してあるので、よく材料を買ってBBQしました。ちなみに、ラーメンはどこで食べてもまずかったです。

TRAVELER'S VOICE

## 渡邊賢
**DATA:**
140日間の旅／滞在27カ国／男ひとり旅／2003年出発＜当時31歳＞

**A.** ✻タイ・ピピ島のビーチの屋台にあったパンケーキ。薄く伸ばした生地を鉄板で焼いて、バナナやマンゴーと練乳を包んで食べるもの。ちょっと甘いけどアツアツでうまかった。店のおばちゃんの笑顔と共に印象に残っていますが、スマトラ沖地震の津波でピピ島にも大きな被害があり、周りにいた現地の人の安否が気になります。
✻エジプト・カイロで食べた「コシャリ」。パスタとライス、豆にミートソースとガーリックオイルをかけたような食べ物。2ポンド＝当時40円くらいで腹いっぱい。日本の牛丼のような存在でしょう

03. FOOD&DRINK 161

か。カイロ滞在中は毎日食べていました。
✳︎ バンコクの絞りたてのオレンジジュース。月並みかもしれませんが、バンコク以外では路上で売っているのをほとんど見なかったです。目の前で絞っているので超新鮮でおいしかった。
✳︎ 水パイプ。食べ物じゃなくてタバコですが、口にするものなので。カイロとイスタンブールで吸ったのですが、フレーバーのあるタバコの葉を、炭火でいぶして出てきた煙がパイプ内の水を通ってから吸い込むものです。水の中にニコチン等の有害物質がほとんど溶けてしまうそうで、吸い口スッキリ。リンゴやメロンなどの甘いフレーバーの香りだけを吸い込む感じ。水パイプは今までの自分のタバコに対するイメージを180度変えるものでした。思わず気に入って水パイプ2本と各種フレーバータバコも購入し、自分へのお土産として日本に送りました。

TRAVELER'S VOICE

### 小崎達二
DATA:
141日間の旅／滞在21カ国／出発時はひとり旅、途中から女性と同行（今の妻）／2002年出発＜当時28歳＞

A. ✳︎ ギリシャのサントリーニ島で食べたズッキーニの天ぷら　（ズッキーニが巨大！）
✳︎ スペインのマドリッドにあるマヨール広場で食べたパエリア　（味が濃厚で美味）
✳︎ エジプトのカイロの街角で食べた現地のパフェ「コクテール」　（毎晩食べました）

TRAVELER'S VOICE

### 鹿島光司
DATA:
204日の旅／滞在21カ国／男ひとり旅／1999年出発＜当時21歳＞

A. ✳︎ 東南アジア全域にあった、パイナップルシェイクです。何杯飲んだかわかりません。
✳︎ モロッコのメルズーガに宿泊したときの晩ご飯、タジンがとてもおいしかったです。私が食べたものはトマト煮込みの料理ですが、羊の肉も柔らかく、おいしくいただけました。
✳︎ ベトナムの伝統デザート、チェーは、作る人によって全然入っているものや味わいが違うのですが、これまた大好きで、ダナンでは1日2杯くらい食べていました。

TRAVELER'S VOICE

### せつはやと＆たしろさないち
DATA:
370日間の旅／滞在25カ国／カップル旅／2002年出発＜当時29歳＆28歳＞

A. 世界で一番うまかった国、それはやっぱりイタリアかな。レストランはもちろん、パン屋のパン、アイスクリーム、コーヒー、酒、どれも。自炊するときに買った、野菜やきのこ、肉の味の濃さは忘れられません。それからベトナム。お米の文化で、辛くないし、口にあいました。カフェダー（アイスコーヒー）やフォーは何度も何度も食べました。オーストラリアのおしゃれカフェやレストランもよかった。安くてボリューム満点、ワインもビールもうまいし、肉や魚も安い。スイーツもおいしいです。

TRAVELER'S VOICE

### 中里和佳
DATA:
210日間の旅／滞在27カ国／女ひとり旅／2013年出発＜当時22歳＞

A. ✳︎ イースター島で食べたエンパナーダ。
✳︎ スペインの生ハム。
✳︎ タイのマンゴー。

~旅先でのあれこれ~ **ON THE ROAD**

TRAVELER'S VOICE

### 伊勢華子
DATA:
100日間の旅×2／滞在30カ国ちょっと／あるときは一人、あるときは仲間と一緒／2000年出発＜当時26歳＞

**A.** ✳ケニアのフーフ。プランテーション（食用バナナ）を練って蒸したものだけれど、もちもちしていて美味。豆ソースをつけながら食べるのが好み。
✳パリ（フランス）のバタール。香ばしくて焼き立てをかじりながら、ぶらぶら歩く。
✳カナダのサーモン鮨。日本で食べるものより脂がのっていてとろけていった。
✳カナリア諸島（スペイン）のサングリア。太陽をさんさんと浴びた果実たっぷりの自家製。スパイシーでそそられる。
✳クロアチアのピッツァ。さっくさくでありながら、もっちり。今までの人生で食べたどのピッツァよりも幸味。

TRAVELER'S VOICE

### 斎藤賢治＆明子
DATA:
141日間の旅／滞在21カ国／夫婦旅／1994年出発＜当時34歳＆27歳＞

**A.** 141日間の旅ですから、おいしかったものをあげろと言われても……。どこでも現地の人が「おいしい」というものは本当においしかったです。魔が差して日本の観光客が行くような店に入ってしまうと、総じて値段も高いしおいしくなかったですね。おいしいというより印象に残ったものもたくさんあります。バスに取り残されて誰もいなくなったシナイ半島セントカテリーナで、みるみる気温が下がって震えているときに無理矢理開けてもらったお店のチキンスープとか、バリの田舎で食べた茶色く濁った氷でできたかき氷とか、ヨルダンのアンマンで早朝エルサレムへのバス乗り場がわからず困っていたときに、1杯の値段で2人分ふるまってくれた熱いセージティーとか……。数知れず。

03. FOOD&DRINK   **163**

TRAVELER'S VOICE

### 菊池永敏＆麻弥子
**DATA:**
1096日間の旅／滞在73カ国／夫婦旅／2000年出発＜当時28歳＆25歳＞

**A.** ✻パキスタンで食べたニンジン入りピラフ。場所はギルギット。15ルピー。シチューとナンが付いている。
✻モヘンジョダロの町で食べた、でっかい焼き鳥。砂肝が4、5個で10ルピー（約20円）。
✻南アフリカで食べたパプー（ウガリより柔らかい）。
✻ウガンダ（カンパラ）で食べたジャックフルーツ。
✻ブルキナファソ（ワガドゥグ）で飲んだブラキナ（ビール）。
✻ペルーで食べたセビッチェ（マリネ）。

TRAVELER'S VOICE

### 古谷沙緒里＆眞木聖未
**DATA:**
123日間の旅／滞在19カ国／女ふたり旅／2006年出発＜当時26歳（ふたり共）＞

**A.** ✻本場フランスのパンは、どこのお店で購入してもとにかく美味しい！　ヨーロッパは物価が高いので、レストランに入るのは特別な時だけ。宿近くのスーパーでパテを購入し、パンにのせてよく食べていました。これが絶品!!　パンに合うパテが豊富にあるので、ぜひ試して欲しい！
✻日本食が恋しくなったら、中華へGO！世界中あらゆるところに中華料理店はあり、量も味も満足します。
✻あと、旅をしていると生魚が恋しくなることも。そんな時はペルーのセビチェ！　新鮮な生の魚介を野菜と混ぜ、レモンでしめた料理。世界をまわっていると、なかなか生の魚にありつけない！　そんな中、久しぶりの生魚に身震いしちゃうの間違いなし！

TRAVELER'S VOICE

### 吉田有希
**DATA:**
700日間の旅／滞在49カ国／夫婦旅／2007年出発＜当時26歳＞

**A.** ネパールの日本食屋さんは最高でした！　どこもクオリティが高く、毎日通っていました。旅が長くなると、どうしても日本食が恋しくなります。ただ、裏切られるのとも多く、ガッカリしてしまうことも幾度となくありました。ただ、ネパールの日本食屋さんは、どこもクオリティが高く、多少高めではあっても毎日通っていました。旅が長く、ネパールへ行った人の間では、有名です。

TRAVELER'S VOICE

### 菅野翼
**DATA:**
370日間の旅／滞在32カ国／女ひとり旅（時には仲間と）／2013年出発＜当時24歳＞

**A.** ✻ベトナムのホーチミンの安宿街デタムストリート近くのBUI VIEN通りにあるスムージー屋さん！　フルーツが3つまで選べて100円で、ボリューミーなスムージー。これが絶品!!
✻ベトナムのホイアンのカオラウという麺料理。お気に入りすぎて毎日食べていた。
✻ネパールのモモ。
✻ルーマニアの『gigi』というパン屋さんのコヴリックというパン。ノーマルじゃなくてチョコ入り。あれは日本で流行ると思う。
✻南米のフルーツ。激安なのに激的に美味しい。あれは衝撃。

~旅先でのあれこれ~ **ON THE ROAD**

TRAVELER'S VOICE

### KIKI
DATA:
85日間の旅／滞在14カ国／女ひとり旅／2002年出発＜当時27歳＞

**A.** チェコのあちこちで味わったビールは安いしおいしかったです。あと、意外にポーランド料理がおいしかったです。クラクフ旧市街で食べたロールキャベツは、中にお米が入っていて、寒かったのもあってホッコリしてかなり記憶に残っています。あと、トルコ・イスタンブールのガラタ橋のふもとで売っているミディエドルマ（ピラフをムール貝につめたもの）は何回食べても最高です。

TRAVELER'S VOICE

### 浦川拓也
DATA:
120日間の旅／滞在20カ国／男ひとり旅／2013年出発＜当時21歳＞

**A.** ✻ パタゴニア地方、チリのプエルトナタレスで食べたウニ。1000円以下で皿いっぱいの新鮮なウニが食べられます。
✻ アルゼンチンの牛肉。アルゼンチンは牛肉大国と言われていて、日本では数千円しそうな牛肉ステーキも、街のレストランで、お手軽値段で食べられます。

TRAVELER'S VOICE

### 二木俊彦
DATA:
375日間の旅／滞在34カ国／男ひとり旅／2010年出発＜当時31歳＞

**A.** ✻ アフリカ、ナミビア首都のレストラン。オリックス、グドゥ、インパラ、バッファーの肉……サバンナにいる動物（お肉）食べました。
✻ 南米ボリビアのカツ丼。ちゃんとした日本食。かなりクオリティも高く毎日食べていました。

TRAVELER'S VOICE

### 清水直哉
DATA:
90日間の旅／滞在14カ国／男ひとり旅／2009年出発＜当時21歳＞

**A.** ✻ エジプトのコシャリという国民食が、世界一周をしていて一番好きになった食べ物です。ご飯、パスタ、豆などの切れ端にトマトソースとビネガーをかけて食べるのですが、最高です。エジプトは物価も安く、コシャリは50円前後で食べられるので毎日食べていました。
✻ 世界中で飲むビールも最高です。その土地それぞれの味があり、それを楽しむのも旅の醍醐味でした。

Nokanhui / New Caledonia
ノンカウイ島／ニューカレドニア

ON THE ROAD: 04

# Language

言葉が通じない国での楽しみ方

# 言葉が通じない国での楽しみ方

text by Ayumu Takahashi

言葉っていう意味では、オレは英語が少し話せるくらいだった。
少し話せるっていっても、英会話を習ったこともないし、旅行以外の海外経験があったわけじゃないから、受験生時代に単語はひととおり覚えたぜっていうくらい。ちなみに、さやかはブランド名以外の外国語は何も知らない状態だったし（笑）。

でも、まぁ、世界一周するわけだから、言葉なんて通じないのがあたりまえじゃんって想って、最初から開き直ってた。

言葉に関して意識していたことがあるとすれば、いつも、現地の人の見よう見まねで、まず、「ありがとう」っていう言葉だけは覚えるようにしてた。特に、旅先ではお礼を言う機会が多いし、それくらいは現地の言葉で言いたいなって想ってさ。

もちろん、挨拶やちょっとしたひとことでも、現地の言葉で言うだけで、だいぶ対応が違ったし、「よし。覚えたいなら、もっと、教えてやるぞ！」みたいな先生になってくれる人が現れたりして、いろいろとおもしろかったよ。

あと、数字だけは、メモ用紙に書いて相手に見せて確認するようにしてたかな。時間の確認や値段交渉とか、ミスるといろいろトラブって面倒だし。

でも、せっかくの旅だし、もちろん、言葉が通じない人とは話さないっていうんじゃ淋しいよね。

タクシーの運転手だったり、店の店員さんだったり、宿の主人だったり、同じ宿に泊まっている人だったり、キャンプ場で隣りになった人だったり、長距離バスで一緒だったり……って、現地の人から旅人まで、出逢いの機会は無限だしね。

04. LANGUAGE **169**

ちょっとしたことで少し話した人には、国籍問わず、気軽に「一緒にご飯食べない?」って感じで、よく誘ってた。ボディランゲージ風に、ご飯食べるマネとかしてさ。

もちろん、言葉が通じない人と短時間でわかりあうのは難しいかもしれないけど、なんか、ゆっくりと同じ時間を過ごしてると、だんだんと通じてくるっていうか、相手の言ってることがわかってくるっていう感覚は、確実にあると想う。

相手の目や表情をよく見ながら話すことは基本として、ボディランゲージを駆使したり、ノートに絵で書いたり、日本から持ってきた家族や友達の写真を見せながら話したりしてるうちに、だんだんと、自分の中でも言葉以外で伝える技術が磨かれていくのがわかるし、いろんな友達も増えていって楽しかった。


旅をしながら、路上でなにかするのも面白いと想う。
言葉を超えて、友達ができるきっかけにもなるしね。

オレの場合は、ギターを持っていったのが大きかった。
モーリスの旅用の小さなバックパッカーズギター。

千葉に住んでいた頃と同じように、バス停とか駅とか広場とかに座り込んで、ギターを弾いて、ブルースハープを吹きながら、ナガブチとか尾崎とか浜省とかT-BOLANとか歌ってた。

「なんだ、こいつ?」って感じで、いろんな人が寄ってきたりして、友達を作るきっかけにもすごくなってたよ。ジョン・レノンとかボブ・ディランとか、世界的にメジャーな曲を歌うと一緒に歌ってくれる人もいたしね。オレにも弾かせろって感じで、隣に座り込んでくる人がいたりして、バンドになっちゃったときもあったり。

路上っていえば、「マネー、マネー」って言いながら寄ってくる物乞いの子ども

たちと一緒に座り込んで、その子の似顔絵を描いたり、デジタルカメラやビデオで一緒に遊んだりすることも多かった。

最初は、お金をあげたり、あげなかったりしてたんだけど、なんかどっちもしっくりこなくて、ある日、隣に座って似顔絵を描いてあげたら、すごく喜んでくれてさ。

ほとんどの子どもは、親に言われて物乞いしてるだけだから、ちょっと楽しい感じになってくると、お金、お金っていうのを忘れちゃって、ニコニコしながら、かわいい笑顔ではしゃいでた。


音楽以外にも、旅をしながら路上でなんかやってる人にたくさん逢った。
若い日本人でも、面白い奴がいっぱいいた。

オーストラリアの路上で、折り紙で作った鶴や他の作品を売りながら旅している女の子がいたんだけど、彼女は、「日本から旅をしています。あなたの家に泊めてくれたら、あなたの子どもに創り方を教えます」みたいなことを書いた看板を出してて、何十件の家に泊めてもらいながら旅を続けてるんだって言ってた。

あと、イスラエルのエルサレムで、路上にサマーベッドを出して、「禅マッサージ」とか書いた怪しい看板を出して、マッサージ屋（？）みたいなのをやってる人もいたし、タイのバンコクで、路上にイスと鏡だけを置いて、青空床屋をやっている人にも逢ったね。

もちろん、ふたりともプロなんだろうな、って思って軽く話し掛けてみたら、ふたりともド素人で、旅に出てからの思いつきでやってるって言ってて、超ウケた。

あと、筆と墨での筆文字なんかもありだろうし、ちょっと、意味不明だったけど、サッカーボールをリフティングしながら街を歩いている奴もいた。

日本人ではないけど、その国に着いたら、まず、ゴミ処理場に行って、ガラクタを集め、作品を創り、それを路上で売りながら旅を続けているっていうガ

ラクタアーティストもかっこよかった。しかも、売り上げの一部を、その国の貧しい子どもたちに寄付しながら旅を続けてるんだって。

旅をしながら、すべて受け取るばっかりじゃなくて、自分もなにか表現しちゃおうぜっていうノリ。オレは、そういうの好きだな。

長期の旅なら、旅の途中で、現地の言語学校に1週間くらい通うっていうのもありかもね。現地の言葉を少しでも話せると違うだろうし、友達もできるだろうし。

オーストラリアのパースで、さやかも行ってたよ。
正直、オレから見て、役に立っていたかは疑問だけどな（笑）。

まぁ、ひとつの国に長期で暮らすならまだしも、世界の国々を放浪するなら、ほとんどの場所で言葉なんて通じないのが基本なわけだから、可能な範囲の努力はしつつ、まずは、オープンな気持ちで過ごすことだと想う。

オレの実感としては、旅の出逢いを決めるのは、語学力よりも、極上の笑顔だったりするぜ。

04. LANGUAGE **175**

4. Language　言葉が通じない国での楽しみ方

# VOICE　世界一周経験者たちの声！

**Q. QUESTION: 08**

出発時には、どのくらいの語学力がありましたか？ また、言葉の通じない国を旅するときに、意識していたことや注意していたことなどがあれば教えてください。

~旅先でのあれこれ~ **ON THE ROAD**

TRAVELER'S VOICE

## Sachiko
**DATA:**
226日間の旅／滞在19カ国／女ひとり旅／2001年出発＜当時21歳＞

**A.** 出発時の英語力は旅行に不自由はしない程度だったけど、旅行中にありえないくらい上達しました。英語は本当に便利な言葉で、私の感覚では、とりあえずどの国でも使えました。でも、英語のあまり通じない国ではその国の言語を尊重しました。私は、珍しい言語の辞書を買うのが好きなので、行く先々で買い集めて使ってみました。2～3日で簡単な挨拶を覚えて使うと、めちゃくちゃ喜ばれます。ベルベル語もちょっと勉強してみました。

TRAVELER'S VOICE

## 鈴木忍
**DATA:**
155日間の旅／滞在14カ国／夫婦旅／2001年出発＜当時32歳＞

**A.** 出発時には、本当に簡単な会話しかできませんでした。つまり、単語を並べるだけ。そのため、「中学生の英会話」という本と旅行用の10カ国会話電子手帳を持って行きました。その場面の前に、電子手帳を見て暗記し、窓口に行くというような感じでした。ヨーロッパでは特急列車を予約しなければいけなかったので、メモ帳に日付、乗車駅、出発時間、行き先到着時間、列車番号などを書いて出しましたが、スムーズでした。でも毎日、勉強はしていましたね。

TRAVELER'S VOICE

## 樽家彰宏＆愛
**DATA:**
1029日間の旅／滞在101カ国／夫婦旅／2001年出発＜当時33歳（夫・妻共）＞

**A.** 語学力は、ふたりとも英語の日常会話は支障ないぐらい。夫はスペイン語も日常会話ならしゃべれた。言葉の通じない国では、ボラれないように数字は必ず覚えていたし、交渉のときは紙に書いて確認するようにしていた。「こんにちは」「ありがとう」「トイレ」「いくら」は必須。

TRAVELER'S VOICE

## 小崎達二
**DATA:**
141日間の旅／滞在21カ国／出発時はひとり旅、途中から女性と同行（今の妻）／2002年出発＜当時28歳＞

**A.** 英語は他の日本人同様、あまり得意ではなく、TOEIC550点程度しかありませんでした。彼女は650点で自分よりも語学は得意でした。基本的にはどの国でも片言の英語でOKですが、挨拶程度は現地用語でしゃべるように心がけていました。買い物でも、ひとこと、「もっと安くしてよ」「ありがとう」など、現地の言葉で言うと、相手も親切にしてくれることが多かったです。

TRAVELER'S VOICE

## 鹿島光司
**DATA:**
204日間の旅／滞在21カ国／男ひとり旅／1999年出発＜当時21歳＞

**A.** 語学力、と言われると、大学2年卒業程度としか答えられませんが、おそらく人見知りをしない、外交的、ボディランゲージ得意、なぜか自信満々、などの手前みそ的な要因を織りまぜると、コミュニケーションをとる能力はかなり高かったのではないかと思います。高校生の頃か

04. LANGUAGE 177

ら、日本にきていた道行く観光客に平気で話し掛けていました。言葉の通じない国を旅するときは、まずは笑顔に気を遣っていました。とにかく笑顔。でも中途半端に分かった振りはしない。分からないときは、ずーっと怪訝そうな顔をして、本当に分かったら満面の笑みで答えていました。そして、その辺にいる人たちを捕まえて、ありがとう、こんにちは、これいくら、という会話と、30くらいまでの数の数え方を習っていました。やはり、現地の言葉を使うと、お店の人も笑って対応してくれたように思います。

TRAVELER'S VOICE

### 渡邊賢

DATA：
140日間の旅／滞在27カ国／男ひとり旅／ 2003年出発＜当時31歳＞

**A.** 英語は、宿で空室や値段を尋ねたり、街中で行きたい場所を尋ねたりできる程度。相手がゆっくり話してくれれば、なんとか言いたいことが理解できるレベル。旅行者の多いエリアでは、だいたい聞きたいことは決まっているので、あまり苦労はありませんでした。中米ではスペイン語が主流で、英語を理解する人も少なめなので、かなり苦労しましたが、「地球の歩き方」の巻末にある会話集が非常に役立ちました。あと、意外と覚えておけば良かったと思ったのが韓国語。世界中のいろいろな場所で韓国人の旅行者に会ったのですが（特にインド）、彼らは簡単な日本語をいくつか知っているのに、こちらは韓国語を全く知らず。フレンドリーに接してくれる人が多かったので申し訳ないような気持ちになりました。

TRAVELER'S VOICE

### せつはやと＆たしろさないち

DATA：
370日間の旅／滞在25カ国／カップル旅／ 2002年出発＜当時29歳＆28歳＞

**A.** 言葉はですね、想いです。伝えたいことは言葉ができなくても通じますよ。英語は、旅行に困らないレベルでした。ウイットに富んだ会話はできませんし、ツアーに行ったときはツアコンの人の英語の説明は半分以上わかりません。ちなみにTOEICは400点なので普通の人以下です。でも旅行中、英語ができなくて本気で困ったことは一度もありません。行った先は、英語が通じないところも多かったので、その国の数の単語とか良く使う単語を教えてもらって覚えました。「トイレ」とか「ビールくれ」とか「お勘定いくら？」とか。特に「酒くれ」は、もっとも重要な言葉なので、すぐ覚えました。南米はほとんどスペイン語なので、随分覚えました。

TRAVELER'S VOICE

### 古谷沙緒里＆眞木聖未

DATA：
123日間の旅／滞在19カ国／女ふたり旅／ 2006年出発＜当時26歳（ふたり共）＞

**A.** ✻ふたりとも語学は、英語が中学生程度。あとはサッパリでした。
✻ヨーロッパでは列車を頻繁に利用するので、スムーズに列車予約をするために、前もって、英語・ドイツ語・フランス語・イタリア語・スペイン語の乗車日、出発駅→行き先、発車時刻や列車番号、禁煙車などを表記した鉄道予約表を作成して持って行きました。
✻あとは、電子辞書。外国の方との遊びのツールとして電子辞書を利用することもありました。
✻基本は、話せなくても何とかなります！　現地の挨拶だけ覚えれば、あとは笑顔で乗り切る！現地の人と仲良くなるのに、語学はそれほど重要ではありません。伝えたいことは、真剣にボディーランゲージで！「イエス！」「ノー！」は、明確に！

~旅先でのあれこれ~ **ON THE ROAD**

TRAVELER'S VOICE

### 二木俊彦
**DATA:**
375日間の旅／滞在34カ国／男ひとり旅／2010年出発＜当時31歳＞

**A.** ✻中1から中2程度の英語が主。
✻日本で生きてきた経験に立ちます。基本同じ人間で、衣食住は同じです。
✻ジェスチャーや相手にどうしたら言葉以外で通じるか考えること。

TRAVELER'S VOICE

### 吉村健二
**DATA:**
362日間の旅／滞在45カ国／男ひとり旅／2001年出発＜当時26歳＞

**A.** 僕の英語は高校レベルです。ただ、通じない国に行ったとき、必ず心がけていたこと、それは挨拶。「こんにちは」「さよなら」「またね」「おいしい」などの言葉は、必ず最初に覚えました。そこから、コミュニケーションが生まれ、その国の文化を知ることができます。また、わからないことは全部聞きました。「これ、○○語でなんて言うの?」。そんな会話から親近感が生まれると思っています。また、返ってくる返事に対しては、辞書を片手に必死に調べて答えていました。

TRAVELER'S VOICE

### 伊勢華子
**DATA:**
100日間の旅×2／滞在30カ国ちょっと／あるときは一人、あるときは仲間と一緒／2000年出発＜当時26歳＞

**A.** 大切な気持ちを伝えるくらいの英語力はあり。とはいえ、世界となるとスペイン語、フランス語も必要なので、それらについては、子どもに絵を描いてもらう上で最低限話したいこと、「あなたの宝物は何ですか?」「心に想う世界地図を描いてください」「名前は?」「何歳ですか?」などを、空港や駅、お土産物屋さんに行って英語ができる人に、なんと言うかノートに書いてもらい、それに読みをふっておきました。意識していたことは、笑みは絶やさないこと。

04. LANGUAGE  179

TRAVELER'S VOICE

### KIKI
**DATA:**
85日間の旅／滞在14カ国／女ひとり旅／2002年出発＜当時27歳＞

**A.** 旅行をする分には困らない程度でしょうか。ネイティブの人同士がペラペラおしゃべりしはじめるとついていけません。日本語でボディランゲージを駆使すると、一生懸命英語を考えて話すより通じるので、日本語を話すことが多いです。現地の言葉は、挨拶くらいは必ず憶えますが。

TRAVELER'S VOICE

### 斎藤賢治＆明子
**DATA:**
141日間の旅／滞在21カ国／夫婦旅／1994年出発＜当時34歳＆27歳＞

**A.** 一応、英語での日常生活には困らない程度は話せました。でも英語圏でないところで田舎に行くと当然英語も通じません。ともかく、感情を込めてわかってもらうまで頑張るしかないと思います。

TRAVELER'S VOICE

### 菅野翼
**DATA:**
370日間の旅／滞在32カ国／女ひとり旅（時には仲間と）／2013年出発＜当時24歳＞

**A.**
✱中学生以下。
✱どの国でも挨拶とありがとうとごめんなさいは覚えて言っていた。
✱英語が通じないとこは下手な英語でなく、堂々と日本語で話していた。

TRAVELER'S VOICE

### 吉田有希
**DATA:**
700日間の旅／滞在49カ国／夫婦旅／2007年出発＜当時26歳＞

**A.**
✱英語に関しては中学までは勉強していました（笑）。ほとんど喋れないレベルです。おそらく今でも、語学力はそのときと変わっていません。ただ、旅を進めて行きながら、知識として持っていた英語力が、道具として使えるようになっていきました。
✱言葉が通じない国では、やはりジェスチャーと笑顔が重要です!!　なんとなく通じてしまったりします。

TRAVELER'S VOICE

### 菊池永敏＆麻弥子
**DATA:**
1096日間の旅／滞在73カ国／夫婦旅／2000年出発＜当時28歳＆25歳＞

**A.** 世界に出てみると良く分かりますが、英語を母国語としている国はほとんどありません。その都度、片言の現地語で覚えていきました。必ず必要なのは、数字です。これが聞き取れないと必ずボラれるので、「いくら？」という言葉と、数字は各国で覚えました。中米、南米はスペイン語圏がほとんどのため、マンツーマン授業が1時間、2US$程度で受けられるグアテマラで2週間みっちり勉強をしました。スペイン語はアルファベット読みで通じるため日本人にとっては非常に分かりやすい言葉だと思います。2週間みっちりやると、その後の上達が非常に早いです。全く上達しなかった、中学・高校・大学で習った英語はなんなんだろう？　と不思議になるくらいです。

~旅先でのあれこれ~ **ON THE ROAD**

TRAVELER'S VOICE

### 清水直哉
**DATA:**
90日間の旅／滞在14カ国／男ひとり旅／2009年出発＜当時21歳＞

**A.** 一般的な日本人と同じく高校まで勉強していた、というレベルなので、まったく外国人と会話ができない感じでした。なので、外人と喋るときは、ジェスチャーやたどたどしい英語でなんとか頑張る、というような感じです。
ただ、どのみち南米にいけばスペイン語やポルトガル語しか現地の人は喋れないですし、英語が通じない国もたくさんあります。なので別に英語ができれば旅ができるわけではありませんし、できなくても旅ができないわけではないかなと思っています。

TRAVELER'S VOICE

### 中里和佳
**DATA:**
210日間の旅／滞在27カ国／女ひとり旅／2013年出発＜当時22歳＞

**A.** 日常会話がカタコトで話せるくらいの語学力がありました。そんなにすらすら英語を話せるスキルはありませんでしたが、旅の中で英語を使っていくうちに話せるようになりました。少しでも英語を覚えるために、旅に電子辞書を持ちながら、その場その場で必要な英語を覚えるようにしていました。英語がまったく通じない国では、その国の必要最低限の言葉や数字は覚えるようにし、値段の確認などは紙に書いたり、スマホの電卓機能を使ったりして目に見える形で意思疎通を取っていました。

TRAVELER'S VOICE

### 浦川拓也
**DATA:**
120日間の旅／滞在20カ国／男ひとり旅／2013年出発＜当時21歳＞

**A.** 英語は大学受験レベル。単語、文法は問題なかったです。旅をしながら使う練習をしていた感覚でした。その国の挨拶、数字はネットで調べて覚えるようにしていました。それ以外はフィーリング！

04. LANGUAGE 181

# MEMO 参考メモ

## 世界8カ国語挨拶集　英語・フランス語・スペイン語・アラビア語・中国語・ロシア語・ヒンディー語・スワヒリ語

旅先で、現地の人との交流を楽しむためのきっかけとして、『世界8カ国語挨拶集』を作ってみました。
もちろん、語学力はあるに越したことはありませんが、たったこれだけの言葉を使うだけでも、現地の
人とのコミュニケーションは大きく広がると想います。
さぁ、まずはここから。ぜひ、旅先で試してみてください。

### ■英語

| 日本語: | 表 記: | 発 音: |
|---|---|---|
| こんにちは | HELLO | ハロー |
| ありがとう | THANK YOU | サンキュー |
| サイコー!! | GREAT!! / COOL!! | グレイト!! ／クール!! |
| また逢おう | SEE YOU AGAIN | シー・ユー・アゲイン |
| 愛してるよ | I LOVE YOU | アイ・ラブ・ユー |
| 友達だぜ | FRIENDS | フレンズ |
| 日本／日本人 | JAPAN. / JAPANESE. | ジャパン／ジャパニーズ |

### ■フランス語

| 日本語: | 表 記: | 発 音: |
|---|---|---|
| こんにちは | SALUT | サリュツ |
| ありがとう | MERCI. | メルシー |
| サイコー!! | GRAND!! / SUPER!! | グランド!! ／スペー!! |
| また逢おう | AU REVOIR | オルヴォワー |
| 愛してるよ | JE T'AIME. | ジュテーム |
| 友達だぜ | AMIS | アミ |
| 日本／日本人 | JAPON /JAPONAIS | ジャポン／ジャポネー |

### ■スペイン語

| 日本語: | 表 記: | 発 音: |
|---|---|---|
| こんにちは | HOLA | オラ |
| ありがとう | GRACIAS | グラシアス |
| サイコー!! | GRANDE!! / BRAVO!! | グランデ!! ／ブラボー!! |
| また逢おう | HASTA LUEGO | アスタ ルエゴ |
| 愛してるよ | TE QUIERO. / TE AMO | テ・キエロ／テ・アモ |
| 友達だぜ | AMIGOS | アミーゴス |
| 日本／日本人 | JAPÓN. / JAPONÉS | ハポン／ハポネ |

### ■アラビア語　※アラビア語は、現地語の表記ではなくローマ字で表記してあります。

| 日本語: | 表 記: | 発 音: |
|---|---|---|
| こんにちは | SAIDA. / AS SALAMU ALAYKUM | サイーダ／アッサラーム アライクム |
| ありがとう | SHUKRAN | シュクラン |
| サイコー!! | KWAYYIS | クワイイス |
| また逢おう | MA'AS SALEMA | マッサラーマー |
| 愛してるよ | AHABA | アハッバ |
| 友達だぜ | SADEEK | サディーグ |
| 日本／日本人 | ELYABAN. / YABANI | ル・ヤーバーン／ヤーバーニー |

182 WORLD JOURNEY

## ■中国語

| 日本語: | 表記: | 発音: |
| --- | --- | --- |
| こんにちは | 你好 | ニーハオ |
| ありがとう | 謝謝 | シェイシェイ |
| サイコー!! | 了不起 | リアオプチー |
| また逢おう | 再見 | ツァイジェン |
| 愛してるよ | 我愛你 | ウォー・アイ・ニー |
| 友達だぜ | 朋友 | ポンヨウ |
| 日本／日本人 | 日本／日本人 | リーベン／リーベンレン |

## ■ロシア語

| 日本語: | 表記: | 発音: |
| --- | --- | --- |
| こんにちは | ЗДРАВСТВУЙТЕ! | ズドラストヴィチェ |
| ありがとう | Спасибо | スパスィーバ |
| サイコー!! | ХОРОЩО／МОЛОДЕЦ | ハラショー!!／マラデッツ!! |
| また逢おう | Hy Пoka | ヌー パカー |
| 愛してるよ | Я ЛЮБЛЮ ВАС | ヤー リュブリュー バス |
| 友達だぜ | ДРУЗЬЯ | ドルウジア |
| 日本／日本人 | ЯПОНИЯ.／ЯПОНСКО | イポーニヤ／イポーンスコ |

## ■ヒンディー語　※ヒンディー語は、現地語の表記ではなくローマ字で表記してあります。

| 日本語: | 表記: | 発音: |
| --- | --- | --- |
| こんにちは | NAMASTE. | ナマステ |
| ありがとう | DNANNYAWAD | ダンニャワード |
| サイコー!! | ACHYA | アッチャー!! |
| また逢おう | PHIR MILEGE | ピィルミレンゲ |
| 愛してるよ | MUJE PASAND AP | ムジェ　パサンド アプ |
| 友達だぜ | DOOSTO | ドースト |
| 日本／日本人 | JAPAN. / JAPANI. | ジャーパーン／ジャーバーニ |

## ■スワヒリ語

| 日本語: | 表記: | 発音: |
| --- | --- | --- |
| こんにちは | JAMBO | ジャンボ |
| ありがとう | ASANTE. | アサンテ |
| サイコー!! | NZURI !! | ヌズーリ!! |
| また逢おう | KWAHERI | クワヘリ |
| 愛してるよ | NI NA PENDA | ニナペンダ |
| 友達だぜ | RAFIKI | ラフィキ |
| 日本／日本人 | JAPAN. / MJAPANI | ムジャパニ |

Namib Desert / Namibia
ナミブ砂漠／ナミビア

# 現地で楽しい情報をキャッチするために

text by Ayumu Takahashi

現地での情報収集って言えば、オレの場合、まずは地図だった。
10代の頃、ピザの宅配バイトに燃えてて、地図フェチだからっていうのもあるかもしれないけど、新しい国や町に着いたら、とりあえず、地図だけは買ってた。

まぁ、時間はあるわけだし、現地で買った地図をながめながら、自分の感じた楽しそうな匂いみたいなものに導かれて、適当にふらふら歩いたり、チャリや原付をレンタルして走り回ったりしてた。その土地の空気を感じながら、面白そうなところや店があったら、ちょこちょこ寄ってみたりしながらね。

あとは、バンコク（タイ）のカオサン、カルカッタ（インド）のサダルのような安宿街があるときは、そこもフラフラしてた。気ままに歩きながら、トラベルエージェンシー（旅行代理店）に入っていろいろ聞いたり、バックパッカーズ（旅人向けの安宿）の掲示板みたいなのを覗いたり、出逢った日本人といろいろ話したりしてた。今だったら、インターネットカフェに行って、その町の名前入れて検索すればいろいろ出てくるだろうから、そういうのもありだよね。

それ以外にも、観光案内所や有名ホテルや本屋さんとかをウロつきながら、ひたすらパンフレットとか集めまくって、夜に部屋に戻ってから、さやかとふたりで、「これどうよ、楽しそうじゃない？　これ行っちゃう？　こっちにする？」みたいな感じで、ああだこうだとその国での遊びを考えるのは楽しかったな。

まぁ、情報収集っていう意味では、いつもそんな感じだった。

05. LOCAL INFO

あとは、やっぱり、「旅先で出逢った人がガイドでしょ」っていうノリで、路上で話しかけてきた人や、食堂やバス停などで一緒になった人と友達になって、いろんな情報をもらったり、面白い場所に連れて行ってもらうことも多かった。

ガイドブックには絶対に載っていないようなフリマや店、釣り場、サーフポイント、キャンプ場なんかを教えてもらうこともあったし、地元のお祭りに連れて行ってくれたり、素敵なアーティストビレッジに連れて行ってくれたこともあった。家に招待してもらって夕食をご馳走になったり、一緒に海に出て漁を教えてくれたり、一緒にココナッツを採って密造酒みたいなのを創ったり……。そんな、予想外の楽しい展開も旅の楽しみのひとつだったね。

まぁ、もちろん、声をかけてくる人すべてが好意的な人ではないだろうし、ふらふらとついて行ってひどい目にあったという話はいくらでも聞いたことがあるから、そのへんはよく理解した上で、自分の感性で、相手を選ぶ必要はあると思うけどね。

オレたちの場合は、その人から出てる空気みたいなものだけで判断してたけど、楽しい思い出ばかりで、ついていってやばかったという体験は、特にないけどね。


あとは、どこの国でも、公設市場や地元向けのスーパーには通ってた。

まず、ある国に着いたら、地元向けの市場やスーパーで、その国、その町のリアルな物価をチェックしてた。食品から、生活用品や洋服まで、ひととおりの値段を見て歩いて、だいたいの物価を感覚でつかんでおけば、以後、何も知らない観光客だと思われて、めちゃくちゃにぼったくられることもないしね。

あと、市場やスーパーで、地元の人の買っているものを観察するのも楽しかった。
主婦のおばさんたちが買っているもので、なんとなく家庭の料理が想像でき

るし、子どもたちが欲しがっているものとか、じいちゃんの買っているものとかをさりげなく観察しながら、その国の生活をいろいろと想像するっていうのも、時間のたっぷりある長旅の魅力かなって想う。


情報っていう意味では、「地球の歩き方」をはじめとする日本語のガイドブックも、なにげに侮れず、と想った。

最初は、ガイドブックなんていらねぇよ、って想ってたけど、現地で使ってみると、やっぱり便利だし、あるに越したことはないと想った。
持っていた国は、それなりに重宝したよ。
もちろん、ガイドブックなんてなくてもどうにでもなるけど、単純に、あって困るもんじゃないし、移動の暇つぶしにもなるしね。

まぁ、オレたちの場合は、コースもほとんどアドリブだったし、現地の宿や古本屋に置いてあったらあったでラッキーっていう感じだったかな。
旅の技術がどうこうというよりは、その国の歴史とか習慣が簡潔にまとまっているのが嬉しかったね。現地で暮らしている人たちの気持ちを想像するときに、それは知っておきたいことだったしね。

あと、ガイドブックに付いてる地図も日本語だし、やっぱり使いやすかった。
世界各地の地図や絶対に行きたい場所の情報とかは、出発前に日本からまとめてコピーして持って行くと、旅先でツカえるかもしれない。

05. LOCAL INFO

**5. Local Info** 現地で楽しい情報をキャッチするために

# VOICE 世界一周経験者たちの声！

## Q. QUESTION: 09

ズバリ、世界で一番印象に残っている場所はどこですか？
「ここは面白かった！ すごかった！」というあなたのベスト1を
教えてください。

## ～旅先でのあれこれ～ ON THE ROAD

**TRAVELER'S VOICE**

### Sachiko
**DATA:**
226日間の旅／滞在19カ国／女ひとり旅／2001年出発＜当時21歳＞

**A.** 一番というのは難しいけど、ベスト10の中から無作為にひとつを選ぶということであれば、モロッコのサハラ砂漠です。満天の星に白い月、気の合う仲間とベルベル料理（タジン）を食べて、ラクダのいびきを聞きながら寝る。その瞬間は、まったく別の世界にいました。

**TRAVELER'S VOICE**

### 樽家彰宏＆愛
**DATA:**
1029日間の旅／滞在101カ国／夫婦旅／2001年出発＜当時33歳（夫・妻共）＞

**A.** ✲ダントツで「チベット文化圏」です。中国のチベット、インドのラダック地方、ネパールなどにまたがる地域。とにかく人が優しい。控えめなチベット人のホスピタリティーは本当に感動もの。そして自然。厳しいけど手付かずの自然（雪を頂いた高峰、湖、大草原）には目を奪われる。そして、チベット仏教。数あるゴンパでは紛れもないチベット仏教が息づいている。これはどの魅力が詰まった場所は、世界を探してもチベット文化圏しかない、と断言できる。
✲もうひとつは、逆の意味で、中央アフリカ。賄賂王国と言われるが、まさにその通りだった。スーパーマーケットでも道路でも空港でも……大変なことばっかり。今となっては笑い話になるが、当時は常にビクビクしていて、旅が全然楽しくなかった。もう二度と行かない、赤道ギニアとガボン。

**TRAVELER'S VOICE**

### 鈴木忍
**DATA:**
155日間の旅／滞在14カ国／夫婦旅／2001年出発＜当時32歳＞

**A.** 一番と言うのは難しいです。でも、強いて言えばやはり、結婚式をしたタヒチです。タヒチ島はつまらないのですが、離島のボラボラ、ランギロアは最高です。部屋にはテレビも時計もないく、ただ、時間を買いに行くという感じでした。今、一番ない（買いたくても買えない）ものが時間だと思います。起きてシュノーケルやダイビング、散策などをして、少し疲れたら、やしの木の下のハンモックで昼寝をしていました。そして、次に、イースター島です。ここでは明るくなれば起きて、暗くなったら部屋へ戻り、夜ご飯を食べ飲みながら星を見たり雑談したりでした。最後チェックアウトするまで時計は1回も付けませんでした。特に、この3つの島々は、住んでいる人々もみんな笑顔が多かったです。今現在、石垣島に移住したのも、南の人ののんびりさと笑顔にあこがれて来たようなものです。もちろん、綺麗な海もですが。

**TRAVELER'S VOICE**

### 鹿島光司
**DATA:**
204日の旅／滞在21カ国／男ひとり旅／1999年出発＜当時21歳＞

**A.** うーん、難しい。あえて挙げるなら、パキスタンでひょんなことから友達になったナセル君の実家へ招かれたことです。パキスタン中部、ムルターンのさらに田舎、一面の綿花畑、あぜ道には水牛を追う子ども、という物語の1ページのような場所でした。彼の友達とクリケットをして遊んだり、ムスリムのおじさんたちの集会の中に放り込まれて質問攻めにあったり、ナセルと宗教観の違いについて激論したり、通じ合うのが非常に難しいと思われるイスラム教徒たちと、すこしでも心を通わせられたのではないかと思えるので、旅中のハプニングとしては最高のものだったと思っています。

TRAVELER'S VOICE

### 小崎達二
DATA:
141日間の旅／滞在21カ国／出発時はひとり旅、途中から女性と同行(今の妻)／2002年出発＜当時28歳＞

A. ＜勝手にBEST 5！＞
✻1．サントリーニ島と海の色（ギリシャ・エーゲ海）。紺碧の海、原付で島中を走り回った。
✻2．夕陽に染まる世界最高峰Mtエベレスト（ネパール・エベレスト街道）。高山病で死にそうになりながら高度4500mで見た景色は壮観。
✻3．ロッキー山脈のアサバスカ氷河（カナダ・氷河ハイウェイ）。世界屈指のドライブコース、氷河ハイウェイを走り、北極圏以南最大の氷河を歩いた。
✻4．ギザ3大ピラミッドとスフィンクス（エジプト・ギザ）。想像以上の大きさと存在感、古代人の凄さを改めて実感できる。
✻5．マヨール広場と"G線上のアリア"（スペイン・マドリッド）。夜、石畳の広場で路上カルテットが演奏したG-Airが素晴らしかった。建物に囲まれた広場は音が響き、現地の人も腰を下ろし聞き入っていた。

TRAVELER'S VOICE

### 渡邊賢
DATA:
140日間の旅／滞在27カ国／男ひとり旅／2003年出発＜当時31歳＞

A. ✻マレー半島を北上したこと。途中でヨーロッパを周ってきた日本人と友達になり彼とペナン、クラビ、ピピ、プーケット、ランタなどのビーチエリアを2週間近く転々としました。1月ごろはベストシーズンのため、海は綺麗で日本人にとっては物価も安いのでまるで楽園のようで最高でした。
✻それと、バックパッカー的には定番の答えになってしまうのですが、良い意味でも、悪い意味でも、やはりインドが印象に残っています。街の真ん中を野良牛がウロウロしているのが野良犬と変わらずすごく自然だったし、悪い奴もいい人も同じくらいにいて、嫌な目にあった分、親切にもしてもらった。宿の安い場所ばかりをウロウロしていたせいか、汚い場所を見ることが多く、インドを出るときは「もう、当分行きたくない」と思いましたが、日本とのあまりの違いに「あの場所がまだ本当にあるのか」と確かめにまた行きたくなります。
✻その他では、イスタンブールの海峡を挟んでモスクが見える丘の景色も強く印象に残っています。
✻あとはノルウェーのトロムソでオーロラを見ることができたのが良かったです。白夜が近づきつつあり、夜の10時くらいまで薄明るい中、2泊しかしなかったので見ることができて本当にラッキーでした。静かな夜にトロムソ島とノルウェー本土にかかる橋の上で見た景色、月が海に反射していて、そこに現れたオーロラは本当に神秘的でした。3月下旬だったのですが北極圏なのに日本の冬の装備でOKだったので、オーロラは見たいけど寒いのが苦手な人にオススメしたいです。

TRAVELER'S VOICE

### 吉村健二
DATA:
362日間の旅／滞在45カ国／男ひとり旅／2001年出発＜当時26歳＞

A. モンゴル・ウンドルシレット。日本で知り合ったモンゴル人の友人の紹介で、遊牧民との共同生活。7日間、遊牧民の一般ゲル（自宅）での生活。水、電気、ガス、風呂なし生活。毎朝見る朝日に感動を覚え、毎日見る夕日に心落ち着かせる。ただそれだけのことがとても幸せに感じる旅でした。日中は、歓迎の宴会、子どもたちとの相撲大会、牛馬羊の世話、乗馬の練習。人間の生活の原点な気がしました。

~旅先でのあれこれ~ **ON THE ROAD**

TRAVELER'S VOICE

### 竹之内秀行&ヨレンダ
**DATA:**
333日間の旅／滞在18カ国／夫婦旅／2002年出発＜当時25歳&26歳＞

**A.** ドイツ・ベルリンのテクノの祭典「ラブパレード」。ヨーロッパ中からテクノ好きが集まってきて、街中がテクノ一色になる。世界中から50万人が集まるだけで圧巻！ その日にベルリンに行けば、何も知らなくてもラブパレードに参加できるハズ。

TRAVELER'S VOICE

### せつはやと&たしろさないち
**DATA:**
370日間の旅／滞在25カ国／カップル旅／2002年出発＜当時29歳&28歳＞

**A.** ✻即答でイースター島。この旅行を考えたとき、イースター島がどこにあるのかも知らなかったけど、とにかく、「ここだけには行こう」と思っていた。そして、本当に行ってしまった。いやあ、すごい。すごすぎる！ 予想を裏切らず、最高の体験。モアイは問答無用ですごい。世界にはこんなすごいのがあるんだな。島の滞在ものんびりしていて楽しかった。延びに延びて2週間もいてしまった。島中にあるモアイを結局2回ずつくらい見に行った。途中、お祭りがあって、参加したこともいい思い出。雨の日も部屋でのんびりとクリスマスカードを書いたりしていた。モアイとのんびり。よく寝た島でした。
✻それから、ニューカレドニアのウヴェア島。天国に一番近い島です。ここも長くいました。とにかく無敵のきれいさです。天国です。
✻オーロラもすごい体験でした。カナダのイエローナイフ。一生に一度はオーロラ！ すごいです。説明できない。飛行機代が高かったけど現地のツアーはそんなに高くなかったのでぜひ。
✻国で言うと、楽しかったのはイタリア、ベトナム、ボリビア、オーストラリア。美術館が楽しかったのが、バルセロナ、マドリッド、パリ、ニューヨーク。ほかにも楽しい場所はたくさんありました！

TRAVELER'S VOICE

### 斎藤賢治&明子
**DATA:**
141日間の旅／滞在21カ国／夫婦旅／1994年出発＜当時34歳&27歳＞

**A.** アフリカは総じて良いのですが、あえてイスラエルのエルサレムを挙げます。今、政治的に不安定で戦争状態でとても観光で訪れる状態ではないですね。早く平和になってもう一度訪れたいです。今でもエルサレム旧市街の道筋などは覚えています。

TRAVELER'S VOICE

### 古谷沙緒里&眞木聖未
**DATA:**
123日間の旅／滞在19カ国／女ふたり旅／2006年出発＜当時26歳（ふたり共）＞

**A.** イースター島！ モアイの島。
見渡す限り、海と空。それ以外は何もない。2日でまわってしまえる小さな島。それでも魅力的なのは、どこに言っても必ず聞こえる島人の「オラ！」の声。負けじと「こんにちは」の応酬で自然と笑顔がこぼれてきます。
昼間の、のどかなイースター島は、夕方そして夜になると表情を変えていきます。馬が駆けては、その動きにしばし酔いしれる昼間。そのスピードと対照的に、ゆるりと昼は過ぎていきます。そして、夕陽がモアイの間からこぼれ出し、私たちを照らして、ジンと心に暖を届ける。

05. LOCAL INFO 195

静かな、静かな、イースター島の夜。静寂に耐えきれず、ワインとタオルケットを持って、宿を飛び出した。部屋の中では真っ暗で、静寂だったはずのイースター島の夜。飛び出した外は眩しくて、流れる星の音がいくつも聴こえてくるようで、なんとも賑やかな夜になる。
満点の星空は、モアイの頭上にいくつも星を落とし、願いは何か？　と優しく聞いてくれます。
ぜひ、イースター島を感じて欲しい。

TRAVELER'S VOICE

### 菊池永敏＆麻弥子

DATA:
1096日間の旅／滞在73カ国／夫婦旅／2000年出発＜当時28歳＆25歳＞

**A.** やっぱり、サハラ砂漠縦断です。西サハラのダクラから、モーリタニアのヌアクショット経由で、セネガルのサンルイまで縦断しました。

TRAVELER'S VOICE

### 吉村健二

DATA:
362日間の旅／滞在45カ国／男ひとり旅／2001年出発＜当時26歳＞

**A.** モンゴル・ウンドルシレット。日本で知り合ったモンゴル人の友人の紹介で、遊牧民との共同生活。7日間、遊牧民の一般ゲル（自宅）での生活。水、電気、ガス、風呂なし生活。毎朝見る朝日に感動を覚え、毎日見る夕日に心落ち着かせる。ただそれだけのことがとても幸せに感じる旅でした。日中は、歓迎の宴会、子どもたちとの相撲大会、牛馬羊の世話、乗馬の練習。人間の生活の原点な気がしました。

TRAVELER'S VOICE

### KIKI

DATA:
85日間の旅／滞在14カ国／女ひとり旅／2002年出発＜当時27歳＞

**A.** ほとんどの人がそうだと思うのですが、やっぱり一番は決められないです。ケニアのマサイマラ国立公園にラム島のポレポレさ。エジプトのダハブの美しい海とのんびりくつろげる町。イスタンブールのエキゾチックさ。夕暮れ時の美しいプラハの街並み。強いて言うなら、この4つですね。

TRAVELER'S VOICE

### 吉田有希

DATA:
700日間の旅／滞在49カ国／夫婦旅／2007年出発＜当時26歳＞

**A.** 中東、イエメン。
首都サナアの旧市街に行ったときは、「アラビアンナイト？　こんな世界が本当にあるんだ！」というのが最初の感想です。
女性はイスラム特有の黒い衣装で、頭から足先まで覆われていて目しか見えません。薄い布をかけ、目すら見えない人もいました。男性は、これでもかというぐらい髭を生やし、ダボっとした白い衣装で、腰には剣を刺しています。
世界遺産に指定されているサナアの旧市街は、土でできたかわいい建物が1000年以上も前から建っています。骨董屋さんのランプを擦ったら魔人が出てきてもおかしくないと思うぐらいアラビアンナイトそのままの世界でした。

~旅先でのあれこれ~ **ON THE ROAD**

また、イスラムと言えば、日本ではあまり印象もよくないイメージがあり、僕も最初はそのひとりでした。行って見る前は少し怖かったです。ところが全然違いました。イスラム教の教えは、いかに良い行いをして、アラーの神に近づくか、というのが大前提らしく、またその中でも一番徳をつめる行為が、「客人を招くこと」だそうです。歩いているだけで、たくさんの方が「お茶でも飲んで行きなさい」「ご飯は食べたのか？」と声をかけてくれます。もうお腹がタプタプで飲めませんっていうぐらいです。イスラム教のイメージが、ガラリと変わりました。

TRAVELER'S VOICE

### 伊勢華子
**DATA:**
100日間の旅×2／滞在30カ国ちょっと／あるときは一人、あるときは仲間と一緒／2000年出発＜当時26歳＞

**A.** アメリカ、グランドキャニオンのモニュメントバレー。あの赤土がつくりだす光景を忘れることはない。朝、テントから出ると、赤土の美しいモニュメントバレーが朝焼けに染まっていました。その美しかったこと……。赤を超えた、赤の世界が広がっていました。

TRAVELER'S VOICE

### 浦川拓也
**DATA:**
120日間の旅／滞在20カ国／男ひとり旅／2013年出発＜当時21歳＞

**A.** アメリカ。キャンピングカーでサンフランシスコからニューヨークまで横断しました。最初に抱いていた世界一の大都会大国というイメージではなく、大自然に包まれたスケールの大きな国という印象に変わりました。国立公園や高速道路、見わたす限りに広がる地平線にはロマンを感じます。

TRAVELER'S VOICE

### 菅野翼
**DATA:**
370日間の旅／滞在32カ国／女ひとり旅（時には仲間と）／2013年出発＜当時24歳＞

**A.** ひとつしか挙げられないのであれば、やっぱりウユニ塩湖ですかね。存在を知ってからずっと行きたかったけど、期待以上だった。

TRAVELER'S VOICE

### 二木俊彦
**DATA:**
375日間の旅／滞在34カ国／男ひとり旅／2010年出発＜当時31歳＞

**A.** マダガスカルのバオバブ並木と固有種の動物たち。キリンディ国立公園では、シファカやマダガスカルカメレオンなど、そこにしか生息しない動物が、昼間も夜行性の動物まで一日中楽しめる。バオバブ並木の夕暮れなどは一生に一回見とくべき景色。
そしてマダガスカルと言う固有の島ならではの、アフリカ、フランス、アジア、そしてマダガスカルと4つの歴史が入っている複雑かつ独特の雰囲気。
ご飯もおこげを食べる文化があり、それでお茶を作ったりして振る舞ってくれる。またフランスの植民地であった事でフランス料理が激安で食べられる。
フォアグラはハンガリーで安くみんな食べる人が多いが、実はマダガスカルの方がダントツ安く良い

05. LOCAL INFO 197

ものも多い。お菓子もフランス色があるのでデザートケーキもおいしい。
通貨も10アリアリなど単位もかわいい。
が！ 政治が不安定で、道路が50年整備されていなかったり、大統領不在だったり、山賊がいるのもまたマダガスカル。雨期には観光客は絶対行かないこと。そして荷物は絶対にこの国から出さないこと。在住の日本人に聞くと3分の1は日本にも届かない。日本からの荷物も3分の1、ヘタしたら3分の2くらい届かないとのこと。

TRAVELER'S VOICE

 **中里和佳**
DATA：
210日間の旅／滞在27カ国／女ひとり旅／2013年出発＜当時22歳＞

**A.** ✤クロアチア。
だれもが優しすぎてとても驚きました。女の子でも「荷物もってあげようか？」と声をかけてくれたり、道をきくとGPSなどを使って調べてくれたり、その場所まで連れていってくれたり、英語がまったく話せないおばあさんまでもが、とにかく全力で優しかった。
✤絶景でのナンバー1は、やはりボリビアのウユニ塩湖。

TRAVELER'S VOICE

 **清水直哉**
DATA：
90日間の旅／滞在14カ国／男ひとり旅／2009年出発＜当時21歳＞

**A.** ダントツで、ウユニ塩湖です。
今ではかなり人気の絶景になりましたが、2009年当時は旅人の中でも知る人ぞ知る、というような感じでしたし、今みたいに空港もありませんでした。
写真で見飽きた～という人もいるかと思いますが、ウユニ塩湖に限っては、360度見渡す限りが絶景なので、写真では伝わらない価値があるので、一生に一度でいいので訪れてほしいです。

Cenote / Mexico
セノーテ/メキシコ

# MEMO 参考メモ

## ADVENTURE TOURS / WORLD MAP

世界中から集まる若者たちと共に大冒険はいかが？ ということで、世界各地で現地発着のアドベンチャーツアーを主催している会社を紹介しておきます。ピン！と来るものがあれば、ぜひ、参加してみてください。

■ エクスプローラ「地球探検隊」
http://expl-tokyo.jp/

日本で世界中のアドベンチャーツアーが申し込める会社・地球探検隊。「旅が面白いのは、誰と一緒に何ができるかという"体験"があるからだ」。そんな想いから、どこの国に行って何を見るか、ということより、何ができるかに比重を置いた体験型の旅を扱っています。地球と出会う、世界の仲間と出会う、自分自身と出会う……そんな旅を提案し続けています。

■ Trek America
http://www.trekamerica.com/

18歳から38歳までの世界中の若者が、14人乗りの専用ワゴン車（13名定員＋ツアーリーダー）に乗り込み、キャンプをしながらアメリカ大陸を巡るツアーを主催。ツアーの予定はあくまで予定。参加者の意見を聞きながら自在に予定を変えていくので、可能性は無限大です。アドベンチャーツアーとしては、世界で最も有名な会社。

### ■ Contiki
http://www.contiki.com/

1961年、ひとりで旅していたニュージーランドの若者が1台のミニバンを借り、一緒に旅行したい人を集め12週間かけてヨーロッパ諸国を旅したのが起源となっているコンチキツアー。世界中から集まる18歳から35歳までの若者が1台のバスに乗り込み、旅を楽しむ世界的バスツアーを主催。ヨーロッパを始め、アメリカ、カナダ、オーストラリア、ニュージーランドでも催行されています。

### ■ Intrepid Travel
http://www.intrepidtravel.com/

東南アジア、ヨーロッパを中心とした、定員が8名〜12名（一部は15名）の少人数ツアーを主催。移動は電車やバスを始め、シクロ、トゥクトゥク、自転車、象など、現地ならではの手段を利用。滞在はゲスト・ハウス、ホテルの他に、現地のお宅や山岳民族の村にホームステイなど。現地で生活している人たちと同じ目線で、五感のすべてを使って感じる体験型ツアーがウリです。

### ■ Topdeck
https://www.topdeck.travel/

世界中から集まる18歳〜39歳の旅人たちと共に、キャンプしながらヨーロッパの国々をまわるツアーを主催。激流下り、バンジージャンプ、釣り、水上スキー、カヌー、マウンテンバイク、氷河スキーなど、様々なアクティビティを体験できるのも、ここのツアーの特徴。

### ■ CONNECTIONS ADVENTURES
http://connectionsadventures.com/

世界中から集まった若者が1台のバスに乗り込み、あらゆるアクティビティを体験しながら、大自然溢れるオーストラリア・ニュージーランドをまわるツアーを主催。宿泊はホテル、モーテル、ロッジ、ブッシュキャンプなど様々。大自然を肌に感じ、本物のオセアニアを味わえます。

### ■ G Adventures
https://www.gadventures.com/

Gアドベンチャーズの主催するツアーは、最大12名での催行。世界中から集まってきた旅人たちと共に、南米に広がる自然と遺跡を求めて巡ります。移動手段は電車やバスを始め、馬車やカヌーまで多種多様。現地の生活に直接触れられるのも、ここのツアーの魅力。

### ■ IMAGINATIVE TRAVELLER
http://www.imaginative-traveller.com/

エジプトや、トルコ、インドなど中近東・アジアを中心とした神秘的なツアーを主催するイマジネイティブ・トラベラー。昔ながらの蒸気機関車、1920年代のビンテージもののバス、伝統的なヨットで地中海をセイリング……そんな移動の過程も楽しんでしまうオリジナリティー溢れるスタイルが人気。

SALAR DE UYUNI / BOLIVIA
ウユニ塩湖／ボリビア

NA PALI Coast / Hawaii, USA  ナパリコースト／アメリカ・ハワイ

Patagonia / Argentina, Chile  パタゴニア／アルゼンチン・チリ

ザギントス島／ギリシャ ZAKYNTHOS / GREECE

ロックアイランド／パラオ ROCK ISLANDS / PALAU

Alps / Switzerland　アルプス山脈／スイス

Chocolate Hills / Philippines　チョコレートヒルズ／フィリピン

ラップランド／フィンランド  LAPLAND / FINLAND

イグアスの滝／アルゼンチン  IGUAZU FALLS / ARGENTINA

ANDALUSIA / SPAIN　アンダルシア／スペイン

NGORONGORO / TANZANIA　ンゴロンゴロ／タンザニア

ハワイ島／アメリカ・ハワイ　HAWAII ISLAND / HAWAII, USA

コロラド州／アメリカ　COLORADO / USA

EASTER ISLAND / CHILE  イースター島／チリ

UDON THANI / THAILAND  ウドーン・ターニー／タイ

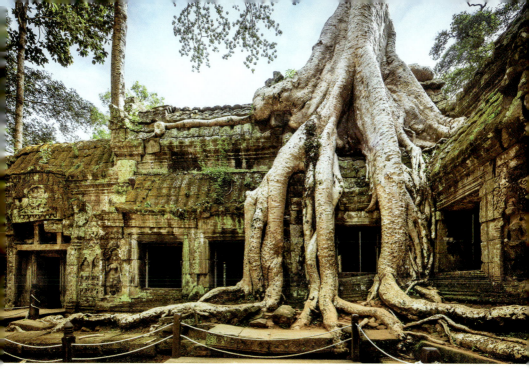

アンコールワット／カンボジア **ANGKOR WAT / CAMBODIA**

モロンダバ／マダガスカル **MORONDAVA / MADAGASCAR**

Quebec City / Canada
ケベックシティー／カナダ

Alaska / USA
アラスカ／アメリカ

ON THE ROAD: 06

# Danger

旅先で死なないために

## 旅先で死なないために

text by Ayumu Takahashi

やばい体験？
そりゃ、いくつかはあったけど、自慢できるほどのことはなかったな。

スペインのマラガで安宿に泊まってたら、深夜におっさんがいきなり部屋に乱入してきて騒ぎ始めたり、ペルーのフェズの裏道でカミソリみたいな小さな刃物を持った変態に追いかけられたり、タイのバンコクでは大雨で町全体が洪水になって、さやかとふたりで、「タイタニック！」とか叫びながら腰まで水に浸かりながら必死に歩いて宿まで帰ったり、モンゴルの草原で馬に乗ってるときに遊牧民のおじいちゃんとはぐれちゃって、オレも遊牧民になりそうだったり……。

でも、やっぱり、世界中で一番危険な体験をしたのは、ハワイのワイキキ！（笑）
Alohaな空気があまりに気持ちよくって、ビール飲み過ぎて酔っ払って赤信号を見逃しちゃって、車に引かれる寸前……。
さやかも超怒ってたし、久々にマジで反省したよ。

でも、まぁ、そんな笑える範囲のことしかなかったな。

マジな話、旅中の危険に関しては真剣に考えてた。

お金やパスポートを盗まれちゃったとか、オレひとりが襲われてボコボコとかくらいの話なら、なにげにおいしい武勇伝にもなるし、まぁ、どうにでもなるけど、オレの場合は、一緒に旅しているさやかが襲われて……っていう事態だけは、男として絶対に避けなきゃいけないわけじゃん。

オレはケンカで人類最強でもないし、もし、数人に囲まれたとしても絶対に勝てるっていう自信はなかったから、夜の街で遊ぶときも、さやかと一緒のときは、やばそうなところには行かないって決めてた。そこが、いくら楽しそうでもね。
まぁ、行かないのも勇気じゃん、とか想ってた。
もし、万が一、金目当ての連中に襲われたりしたときは、男としてのプライドは捨てて、絶対にバトルせずに、お金でも何でもサッと差し出そうって決めてたし。
あと、治安が悪い場所では、ケチらずにお金を使って、安全なホテルに泊まったり、タクシーを使ったりしようっていうのも決めてた。

まぁ、オレひとりの旅じゃないし、オレひとりの人生じゃないし、そのへんは自分のルールとして、きっちり守ってたよ。


あとは、旅中に体調が悪くなることも何度かあった。

食い物で腹を下したくらいなら、日本から持ってきた正露丸飲んで、部屋で寝てれば治るとして、一番大きかったのは、さやかがネパールで高熱を出したときかな。
インドでの疲れもたまっていたんだと想うけど、ネパールのポカラに入ってすぐに、数日、40度近い高熱が続いて、なかなか熱が下がらないし、何も食えないで、さすがに心配だった。泊まっていた宿にある分だけでは氷が足りなくなっちゃって、ポカラ中の宿や店をノックして、「ギブミー、アイス、アイス！」ってお願いして回ったのを覚えてるよ。

結局、数日で落ち着いてきたから良かったけど、マラリアとかの危険もあっただろうし、ああいうときはすぐに病院に行くべきだったなって反省してる。

あと、ペルーのクスコでの高山病もけっこうきつかった。海沿いの町リマから、標高3000メートルを越えるクスコまで、飛行機で一気に上っちゃったからね。
ふたりとも一緒に、2日間くらい完全にノックダウンしてた。
まぁ、これは病気っていっても、慣れれば治るものだから安心ではあるけど、あの意味不明な気持ち悪さは、もう二度と体験したくない。

旅中の病気っていうと、そのくらいかな。


まぁ、少々のトラブルは旅の醍醐味でもあるからいいとして、オレの場合は、シンプルに、死なないこと、そして、さやかを守るっていうことだけは、常に意識してた。
さすがに、「失敗しちゃった。次からは気をつけよう」では済まないことだからね。

とにかく、ひとり旅の場合は、誰も自分を守ってくれないわけだし、日本っていう国に暮らしている中で染み付いている「どこかで、誰かが守ってくれる」っていう妙な意識は捨てて、「自分の身は自分で守る」っていう、あたりまえの危機感っていうか緊張感を持って行動することじゃないかな、大切なことは。

まぁ、ポジティブでもなく、ネガティブでもなく、リアルな感覚でさ。

06. DANGER **223**

6. Danger 旅先で死なないために

# VOICE  世界一周経験者たちの声！

### Q. QUESTION 10.

旅先で、大きな病気やケガをしたり、貴重品を盗まれたり、襲われたり……といった危険なアクシデントに見舞われたことはありましたか？ また、そういったアクシデントを避けるために意識していたことはありますか？

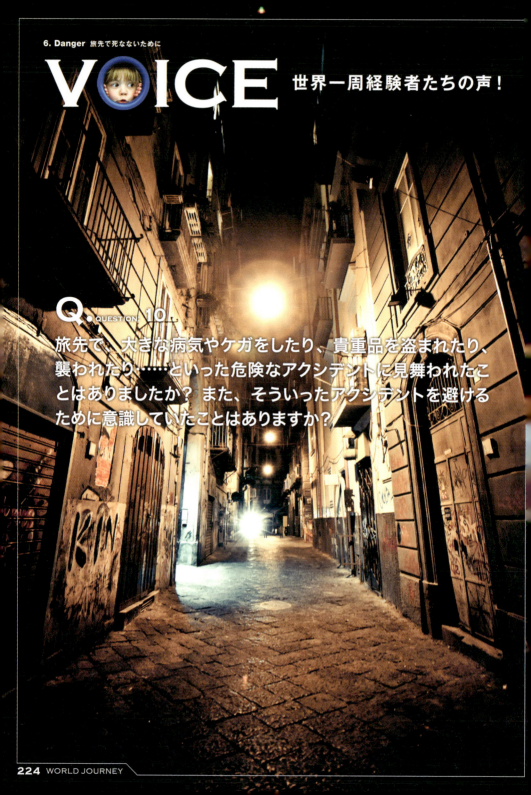

TRAVELER'S VOICE

## Sachiko

DATA:
226日間の旅／滞在19カ国／女ひとり旅／2001年出発＜当時21歳＞

A. ✲ホンジュラスでえび料理を食べた次の日に、死にそうな腹痛があり、緑色の便が出て倒れました。ペニシリンを持っていたので飲んで1日寝たら治りました。それ以降、何を食べても大丈夫になりました。
✲他のアクシデントにあったことはないので、よいアドバイスはないけれど、個人的な意見では貴重品はどこにあるのかわからないようにしておくのが一番よいと思います。ポケットにわずかの現金を入れておいて、すぐ出せるようにしておくと、お金のやり取りの時間が短くなるので、あまり狙われないような気がします。
✲基本的ですが、旅行には「常識」が最も重要だと考えます。危険な状況は「運」によって発生することもありますが、それぞれの国にある常識をわきまえていれば少なくともその確率を下げることはできると思うんです。それは、危険なエリアを聞いておく、宗教のしきたりを知っておく、お店の閉店時間を知っておくといったようなことです。やはり、その国ごとの常識を理解するためにも、ローカルの人々や経験の豊かな旅行者とコミュニケーションをとるだけの言葉は必要だと思います。

TRAVELER'S VOICE

## 樽家彰宏&愛

DATA:
1029日間の旅／滞在101カ国／夫婦旅／2001年出発＜当時33歳（夫・妻共）＞

A. ✲妻が、ラオスで耳にダニが入り腫れ、取り除いた後は処方された薬に当たり、全身じんましんになったこと。あとは大した病気・ケガはありませんでした。
✲盗難を避けるために、アフリカなどでは近距離でもタクシーに乗ったり（2、3ドルをけちって何百、何千ドルも盗られちゃ割にあいません）、鍵は自前の物を使ったり。宿に荷物を置いて外出するときは、バックパックに南京錠をかけ、ベッドなどに固定してから出かけていました。そんなことをしてもナイフなどがあれば簡単に盗めるのですが、心理的なプレッシャーになるかな、ぐらいの気休めです。でも、効果はあったかな。
✲他には、アフリカのマラリア対策も頑張った。蚊帳を吊るのはもちろん、日没後は長袖、長ズボン（どんなに暑くても）、そして虫除けクリームを塗りまくった。メフロキンという予防薬もあるのだが、僕たちのアフリカ滞在は半年を越える予定だったので、メフロキンを長期間服用することによる副作用を考えると、マラリア予防は蚊に刺されないことを第一に考えた。その甲斐あって、アフリカ8ヵ月間で蚊に刺されたのは10回以下だった。

TRAVELER'S VOICE

## 鈴木忍

DATA:
155日間の旅／滞在14カ国／夫婦旅／2001年出発＜当時32歳＞

A. ✲アクシデントは、マドリードの路上でスリにあった事です。私が前を歩き、妻が後ろを歩いていました。そのすぐ背後から気づかれないようにリュックの中に手を入れられて、中のものを取られました。とはいっても大事なものはホテルに置いていたし、リュックにも鍵をかけていたので、特になかったのですが。フラメンコのチケットがくしゃくしゃになり道に捨ててありました。すぐに戻って、怪しい女2人を見つけましたが、証拠がなかったため、怒鳴っただけです。
✲病気は妻がニューカレドニアで40度近い熱を出しました。南半球が秋に差し掛かり寒くなった頃です。泊まっていたホテルには日本人がいたのですぐに医者を呼んで薬をもらいましたが、1週間くらいは最悪の状況でした。保険に入っていたので全てそちらから支払いされました。

✽私は何も起きませんでしたが、強いて言えば毎日2日酔いでした。でも旅行中はいろいろな話も聞きました。タクシー強盗、いきなり殴られたりナイフで刺されたり、拳銃を突きつけられたり……などです。そして、注意したことは、まず、夜は危険な裏通りには行きませんでした。最後のほうは観光というより毎日の生活になっていたので早めにホテルへ帰っていました。あとは、新しい街に着いたときは、空港の荷物受け取りターンでトイレに行き、ズボンの下に袋状の腰巻をつけ、その中に大切なものは入れておきました。それと、少し、しかめっ面をしてえらそうに胸を張って歩くようにしていました。

TRAVELER'S VOICE

## 小崎達二

DATA：
141日間の旅／滞在21カ国／出発時はひとり旅、途中から女性と同行（今の妻）／2002年出発＜当時28歳＞

**A.** ブルガリアのトラムで現地の若い兄ちゃん4、5人に絡まれ、金を要求された。カナダにいるときに、もうすぐ日本に帰るという気のゆるみから、ふたりして重い風邪をこじらせた。エジプトのアスワンでウイルス性の胃腸炎にかかり、1週間もだえ苦しんだ……などなどです。アクシデントを避けるために意識していたことは、金を持っていないような格好をすること（日本人ということは極力伏せる）。情報収集を怠らないこと（旅行者同士で、現地の飲食店で、インターネットで）。宗教上のタブーを学んでおくこと（イスラム圏は特に厳しい）などです。

TRAVELER'S VOICE

## 鹿島光司

DATA：
204日の旅／滞在21カ国／男ひとり旅／1999年出発＜当時21歳＞

**A.** バリ島のクタビーチのコンビニ前でアイスを食べていたら、自称タイからバケーションで来たというおばさんに話し掛けられ、その日に「オーストラリアから妹が帰ってくるのでパーティーがあり、あなたも来ませんか？」と誘われました。すでに怪しさ満開ですが、バリのリゾートムードと、バリの伝統舞踊をみることができる、という誘い（私は伝統舞踊を見るのがとても好きなのです）にまんまと乗ってしまい、すぐそこに停めてあった車に乗り込んでしまいました。車に乗り込んだ瞬間、「あ、だまされてる、俺」と気付きました。ガイドブックに書いてあった通り、誘う役のおばさんは私に道を覚えさせまいとマシンガントーク。そして、家に着いたら家の主がでーんと鎮座していて（笑）、お決まりの「私は船のカジノで働いている」「私の船に乗るならカジノで勝たせてやる」でした。私は固く心を閉ざして、「No」の一点張り。途中でお茶が出されましたが、「どうせ睡眠薬入りなんだろうな」と思ったので、唇をつけただけで、ごくりとはいっていません。そのうち向こうもあきらめたのか、「You're Clever」と白旗をあげ、元の場所へ帰してくれました。でも、全然すまなさそうな顔はしていませんでした。帰り道、あんなに口達者だったおばさんは見る影もなく機嫌が悪そうで、「ガソリン代を払ってくれ」と言われました。当然「No」。まあ、無事に帰って来られたので笑い話ですけれど。

TRAVELER'S VOICE

## 渡邊賢

DATA：
140日間の旅／滞在27カ国／男ひとり旅／2003年出発＜当時31歳＞

**A.** ✽ケガ、病気、盗難なども軽いものはありましたが、命に関わるような危険な目にはあいませんでした。
✽気をつけていたこととしては、最低限、地元の人が「危ない」という場所には行かないようにしました。そして日本語で親しげに話し掛けてくる奴にはどこの国でも注意！　たまには良い人もいるか

~旅先でのあれこれ~ **ON THE ROAD**

もしれないが、最悪で強盗、普通で商売人、本当に日本人としての自分に興味があって話し掛けてくる人は、むしろ日本語があまり話せない人でした。しかし、英語圏以外の国では英語でペラペラ話しかけてくる人も同じような理由で×。片言の英語で会話するのに慣れて来た頃、ひっかかりそうになりました。

Traveler's Voice

 **せつはやと＆たしろさないち**
DATA：
370日間の旅／滞在25カ国／カップル旅／2002年出発＜当時29歳＆28歳＞

**A.** 実は、あまりないです。一度、エジプトのスエズ運河の検問で、パスポートが出てこなくて恐い思いをしました。ペルーで逆高山病（？）になりました。のぼるときは注意してゆっくり高度を上げてってたんですが、おりるときに、3000メートルを超えるクスコから低地のナスカへ一気に降りて、発熱、ゲリ、嘔吐……つらかった。あと、ネパールのカトマンズで油にあたったのと、中国とベトナムで、足にたかっている羽虫を放っておいたら、さされてものすごいブツブツができて気持ち悪かった。でも、タイの不思議な薬を塗ったら治りました。

Traveler's Voice

 **吉村健二**
DATA：
362日間の旅／滞在45カ国／男ひとり旅／2001年出発＜当時26歳＞

**A.** ✳︎ロシアで留置所に入れられました。これは僕の不注意で、パスポートを役所に預けているのに、外出してしまったことが原因です。中国・ウルムチ、イラン・マシュハド、ジンバブエ・ハラレでは窃盗未遂にあいました。インド、中国では無理な移動が原因で、細菌が体内に侵入し、入院しました。
✳︎旅の基本は、1に「死なない」、2に「盗まれない・襲われない」です。命を落とす可能性のある場所へは絶対に行かない。たとえ興味本位でも、行かない。これは絶対に押さえておくポイントだと思います。旅人はジャーナリストではないですから。また、荷物の管理をしっかりすること。自分の荷物重量の把握。必要アイテムの管理。半径1メートルでも、荷物は盗まれます。足元保管が基本で、どんなに近い移動でも、チェーンで必ずくくりつける。歩いているときも、常に襲われる可能性があります。貴重品が入ったバックは別に分けて、前に抱えて歩く。パスポートは肌身離さず、腹巻サイフの中に保管。あとは体調管理。実際毎日が楽しいので、自分が疲れていることに気がつかないことが多い。疲れはたまっていくので、自分の疲労状態を把握することが大切だと思います。

Traveler's Voice

 **竹之内秀行＆ヨレンダ**
DATA：
333日間の旅／滞在18カ国／夫婦旅／2002年出発＜当時25歳＆26歳＞

**A.** ✳︎マカオでタケノウチが「急性胃腸炎」になりました。食べ過ぎが原因でしたが、吐き気・熱・下痢がとてつもなく辛かったです。入院はしなかったけど救急車に乗りました。幸い海外保険に入っていたので、助かりました。それ以外に大きい病気などはなく、NYで風邪をひいた程度。バファリンが役立ちました。
✳︎オーストラリアのブリスベンで、水を買いに夜中1人歩きをしていたら黒人に後ろからど突かれ、何か言われたことです。でも、何を言われているのかさっぱり。強盗なのか、襲おうとしたのかわからないけど、英語力がなく、その場でメチャメチャパニクって、「Why?」とか「What?」しか言ってなかったら、黒人はしびれを切らして行ってしまいました。「夜はひとりで出歩いてはいけません」という典型的パターンでした。唯一あのときだけ、英語がしゃべれなくて助かった気がしました（笑）。

06. Danger 227

TRAVELER'S VOICE

### 伊勢華子
**DATA:**
100日間の旅×2／滞在30カ国ちょっと／あるときは一人、あるときは仲間と一緒／2000年出発＜当時26歳＞

**A.** サハラ砂漠でひとりになったときは、恐かったな。
月と砂と私。もしここで何かあって死んでしまっても、誰にも気付かれることがない恐さ。

TRAVELER'S VOICE

### KIKI
**DATA:**
85日間の旅／滞在14カ国／女ひとり旅／2002年出発＜当時27歳＞

**A.** ミャンマーでひどい下痢になったことと、(1週間ぐらいで完治)、ウィーンの人気のない道で露出狂に会ったことぐらいでしょうか。治安のいまいちそうなところでは、夜は1人では歩かないようにしていました。あと、道でガイドブックを広げないとか。

TRAVELER'S VOICE

### 斎藤賢治＆明子
**DATA:**
141日間の旅／滞在21カ国／夫婦旅／1994年出発＜当時34歳＆27歳＞

**A.** 大きな病気やケガはありせんでしたが、タンザニアで家内は手に水泡ができてしまい、「もしかして変な風土病に……」と精神的にかなり焦ったようです。ただ、私に心配をかけないようにこっそりかきむしって薬を塗っていたそうです。それと、ジャカルタの路上で4人組に襲われました。英語で大声を出して闘いました。すぐ逃げていったので助かりました。タンザニアではセーフティーボックスに預けていたものが開けられていました。低層階の宿（1階や2階）では窓にコーラの瓶などを置いて侵入したら音がするようにしていました。ドアも椅子をドア前に置くなどしていました。鍵は信用できないので。

TRAVELER'S VOICE

### 菊池永敏＆麻弥子
**DATA:**
1096日間の旅／滞在73カ国／夫婦旅／2000年出発＜当時28歳＆25歳＞

**A.** ✳高熱に悩まされ、パキスタンのイスラマバードで5日間入院しました。原因は不明です。今思えば宗教、文化が目まぐるしく異なるところを急いで旅していたので、疲れで倒れたのだと思います。旅に出てから4ヵ月目ぐらいのときです。
✳タンザニアのダルエスサレームで麻弥子が約1ヵ月間微熱とダルさでダウンしました。さすがにこのときは帰国しなければ駄目かと考えました。旅に出て1年半ぐらいです。
✳ブラジルの第4の都市・ベロホリゾンチでバックパックを担いでホテルを探しているときに、白昼2人組の路上強盗に会いました。腹をナイフで刺されるかと思いましたが、必死の抵抗で、モノを取られず大きなケガもせず助かりました。その後はホテルから一歩も出ず、翌日その町を脱出しました。怖かったですね。かなりの間、それがトラウマになり、ビクビクしながらの旅になりました。
✳アクシデントを避けるために意識していたのは、必ず次に行く町の情報収集をすること。その町についたら、ホテルの人、食堂の人にどの道を歩くと危ないか？ 夜は大丈夫か？ を聞く。もちろん旅行者同士の情報収集は大切にする。旅の初心者が良く勘違いして、3ヵ月くらいすると何でも1人でできると思いがちですが、それが大きな間違いです。必ず出会った旅行者から情報を収集されたほうがいいと思います。

~旅先でのあれこれ~ **ON THE ROAD**

TRAVELER'S VOICE

### 古谷沙緒里＆眞木聖未
**DATA:**
123日間の旅／滞在19カ国／女ふたり旅／2006年出発＜当時26歳（ふたり共）＞

**A.** 幸運なことに、大きなアクシデントはありませんでした。強いて言うなら、ふたりとも、ローマの客引きの安宿のベッドにいた毒虫にかまれ全身ブツブツになったこと（完治に1カ月）と、イースター島で犬に足を噛まれたことです。どちらも自分たちの不注意。まず、部屋選びは決める前にしっかりチェックをすること。イースター島では、宿を探している際、誤って民家の敷地に勝手に侵入してしまい、従順なワン公たちが5、6匹集団で私たちを退治しに来てしまいました。ふたりともが同じ目に遭っているので、お互いに励まし合い、あまり深刻にはなりませんでしたが、旅の事前準備として予防接種は大切！あとは、「家族や友達に悲しい思いをさせない」という気持ちを大前提に旅をしていれば、自ずと危険は回避されていきます。

TRAVELER'S VOICE

### 浦川拓也
**DATA:**
120日間の旅／滞在20カ国／男ひとり旅／2013年出発＜当時21歳＞

**A.** パナマで荷物をすべて盗まれました。タクシーのトランクに荷物を載せてホテルまで送ってもらい、降りてふと目を離した隙に逃げられました。それまで何事もなく、ふと油断した瞬間でした。きちんと緊張感を持って警戒しているそぶりを見せていれば、危険と呼ばれる地域でも問題はないと思います。

TRAVELER'S VOICE

### 二木俊彦
**DATA:**
375日間の旅／滞在34カ国／男ひとり旅／2010年出発＜当時31歳＞

**A.** ✳睡眠強盗。パスポート、現金、カード取られました＆しかも知らなかったが入国しらたタイ内戦中でした。詳しくは『僕らの人生を変えた世界一周』（いろは出版）No.11に記載。
✳6088mのワイナポトシという山をボリビアで登り、膝をやられて病院へ。
✳最低限のお金を持って町に出る。睡眠強盗に遭ってからは、腰のマネーベルトではなく足用のマネーベルトに貴重品を入れていた。

TRAVELER'S VOICE

### 菅野翼
**DATA:**
370日間の旅／滞在32カ国／女ひとり旅（時には仲間と）／2013年出発＜当時24歳＞

**A.** ✳大きな怪我や病気はなし。
✳旅慣れた頃、チェコの初日プラハで盗難に遭う。撮影スポットで写真を撮ってる間に、前にしていた斜めがけのカバンから、パスポート、現金、クレジットカード、SDカード、その他諸々が入った貴重品ポーチを盗まれた。隣にいたおばあちゃんが犯人ってことは分かっていたのが悔しい。その後はそのカバンのチャックにも南京錠を欠かさずしていた。
✳ブルガリアとコロンビアでスキミングに計2回遭う。
✳貴重品は宿のロッカーが安全だと判断したときは宿に、それ以外は肌身離さず。現金とカードは分散させる。
✳あとは国に入る前に流行りの手口をチェックし予習。エクアドルではケチャップ強盗未遂に遭うも、手口を知り、シュミレーションしていたおかげで完全スルーに成功。

06. DANGER 229

~旅先でのあれこれ~ **ON THE ROAD**

TRAVELER'S VOICE

## 古田有希
**DATA:**
700日間の旅／滞在49カ国／夫婦旅／2007年出発＜当時26歳＞

**A.** ✻病気に関して言えば、僕は大丈夫でしたが、家内が5回入院しました。ほとんどが食中毒です。毎日ほぼ同じ生活をし、同じものを食べているのに不思議です。これに関しては、ナマモノを避ける、現地の水は飲まないというのが一番大切です。でも、やはり新しい土地のものはチャレンジしたくなる気持ちも……。あとは、自分の体力と相談し、もし時間に余裕があるなら無理はしないでゆっくり旅することだと思います。

✻盗難は、パソコンを2度盗まれました。1度目は、バスで長距離移動中、休憩時間で少し外に出た際、カバンを椅子に置いていってしまい、パソコンだけ抜き取られていました。鍵も締め、椅子にぐるぐる巻きにしていたので大丈夫だと思ったんですが……。綺麗に鍵を開けられ、パソコンだけ抜き取られ、綺麗に鍵が締まっていました。戻ってきたときは、そのままの状態だったので、すぐに気が付かず。油断です。荷物は少しの時間でも目を離してはダメです。2度目は、飛行機の乗り継ぎで数時間空港に滞在していたとき、2人揃ってベンチで、うたた寝してしまい。気が付いたら2人ともカバンごとなくなってました。幸い大きな荷物は預けていたので、大事なものはパソコンだけだったのですが……。これも油断です。

TRAVELER'S VOICE

## 中里和佳
**DATA:**
210日間の旅／滞在27カ国／女ひとり旅／2013年出発＜当時22歳＞

**A.** ✻アマゾンに行くバスが、断崖絶壁の超危険な道を20時間かけて進んでいったときには死ぬかと思いました。バスが何度も崖から転落しそうになったとき、バスの中はもう悲鳴と怒号で大惨事。後から調べたら、その道でバスが何度も転落して年間200人死んでるとか……。事前に下調べして、少しくらい高くても、危険な手段より安全な手段を選ぶべきだと思いました。

✻また空港の預け荷物でカメラを盗まれました。空港職員が盗んだので、もうこれは諦めるしかなかったです。

✻あとは重度の高山病になって倒れ、酸素マスクをつけて運ばれたことがあります。利尿作用があっても、きちんと高山病の薬を飲んでいればよかったです。

✻それから飛行機の預け荷物が届かなかったことがあります。1泊分の荷物は手荷物にいれておくと、いざというときに助かります。

TRAVELER'S VOICE

## 清水直哉
**DATA:**
90日間の旅／滞在14カ国／男ひとり旅／2009年出発＜当時21歳＞

**A.** ✻世界一周の初日に、インドで集団詐欺に遭って4万円を失ったり、モロッコのATMでカードを吸い込まれてしまって無一文になったり、ボリビアで倒れて3日間寝込んだりといろいろありましたが、命に関わるようなことはなかったですし、モノを盗まれることも少なかったです。

✻旅先でアクシデントに遭うような旅人は、基本的にはルーズな人が多いと思います。しっかりと知識を得て、気を付けてさえいれば、あまり無駄なアクシデントには遭遇しないはずです！　あと、夜遅くにひとりで出歩かないとか、現地の人が危ないから行っちゃダメと言うような場所には行かないとか、そういうことにも気を付けていました。

Wulingyuan / China
武陵源(ぶりょうげん)／中国

# MEMO 参考メモ

## 緊急事態対応マニュアル

### ■まずは、情報収集

海外でトラブルに遭わないためには、現地の犯罪状況、テロ発生リスクなどの情報を事前に収集し、把握しておくことも重要です。状況は刻一刻と変化しています。世界一周をする場合は、長期の旅になることも多いので、常に最新の情報を収集することを心がけましょう。旅先からでもインターネットを利用すれば、最新情報をいつでも手に入れることができます。その他にもテレビ、ラジオ、新聞などの現地のメディアも意識しておきましょう。そして危険なところには興味本位で近づかないようにすること。行かないという判断をするのもひとつの勇気です。

外務省 海外安全ホームページ　http://www.anzen.mofa.go.jp/
外務省では海外渡航者に向けて、渡航情報・安全対策の基礎データ、テロの概要などの情報を提供しています。
外務省ホームページ　http://www.mofa.go.jp/mofaj/
OTOA【社会法人日本海外ツアーオペレーター協会】　http://www.otoa.com/
トラベルサポートでは、OTOAならではの基本情報、安全情報、治安状況などを、国別・年別に紹介しています。

### ■病気になったら……

旅の途中で体の具合が悪くなった場合は、まずは休むことが基本。現地の薬は強すぎたり、体に合わなかったりする場合もあるので、なるべく、日本から持参した飲み慣れた薬を飲んで、ゆっくり休みましょう。ゆっくり休んでも回復しない場合や緊急を要する場合は、病院で治療します。ホテルにいる場合は、フロントに医者を手配してもらうのが手っ取り早いです。不安な場合は、現地の日本大使館や領事館で日本語が通じる病院を紹介してもらいましょう。また海外旅行傷害保険に加入している場合は、保険サービスセンターに連絡すれば、提携の病院で診察を受けることができ、病院によってはキャッシュレスで診断を受けることもできます。それ以外の病院で治療を受けた場合も、海外旅行傷害保険に加入していれば、あとで保険金を請求できます。請求の手続きのためには、病院の領収書、診断書、保険契約書の控え、保険金請求書などが必要。それらをひと通り揃えておき、帰国後に保険会社に送りましょう。現地に銀行の口座を持っている場合は、現地で請求することもできます。

## ■主な感染症の症状リスト

旅先で体調が悪くなった場合は、念のため、このリストをチェックしてみて下さい。
症状に心当たりのある場合は、すぐに病院へ行って検査を受けましょう。

### ●コレラ （インド、東南アジア、アフリカなど）
**感染様式**：コレラ菌に汚染された水・氷・食品などを摂取することにより感染します。
**主な症状**：通常、1日前後の潜伏期間の後、突然の下痢や嘔吐、脱水症状などが起こります。腹痛はなく、体温はむしろ低下します。

### ●赤痢 （世界各地）
**感染様式**：赤痢菌に汚染された水・氷・食品などを摂取することにより腸に感染します。
**主な症状**：通常1〜3日の潜伏期間（菌の量が多ければ数時間でも発病）の後、下痢、発熱、腹痛などが起こります。

### ●腸チフス・パラチフス （世界各地）
**感染様式**：チフス患者の糞便や尿、あるいはチフス菌で汚染された生水、生野菜などから感染します。
**主な症状**：1〜3週間の潜伏期間の後、発熱、頭痛、全身のだるさ、高熱時に現れるバラ疹（胸腹部に現れる淡紅色の小指の爪大の発疹）、便秘などが主な症状で、腹痛が伴うことがありますが、感染初期には下痢が現れることは少ないのが特徴です。

### ●A型肝炎 （世界各地）
**感染様式**：糞便から排泄されたウイルスが人の手を介して、水や氷、野菜や果物、またカキなどの魚介類を介して、経口的に感染します。
**主な症状**：潜伏期間は15〜50日、平均28日で、38度以上の急激な発熱から発症し、全身倦怠感、食欲不振、悪心嘔吐、黄疸などがみられます。

### ●マラリア （東南アジア、アフリカ、中南米など）
**感染様式**：ハマダラカ属の蚊に吸血されることによって感染します。
**主な症状**：一定の潜伏期間の後、頭痛、下痢、悪寒、発熱、倦怠感など風邪に似た症状がみられます。蚊の種類によっては重症化する場合もありますが、マラリアは薬で治すことができる病気の為、早期治療が第一です。

### ●黄熱 （南米、アフリカなど）
**感染様式**：黄熱ウイルスを持った蚊（ネッタイシマカ）に吸血されることで感染します。
**主な症状**：通常、3〜6日の潜伏期間の後、突然の発熱、頭痛、筋肉痛、悪心、嘔吐などが起こります。病気が進むにつれて、出血症状（鼻血、歯肉からの出血、吐血）や蛋白尿が現れます。

### ●デング熱 （東南アジア、南米、太平洋諸島など）
**感染様式**：デング熱ウイルスを保有している蚊（ネッタイシマカ、ヒトスジシマカなど）に吸血されることにより感染します。
**主な症状**：3〜15日、通常5〜6日の潜伏期（蚊に刺されてからウイルスが体内で増えるまでの期間）を経て、突然の発熱で始まります。熱は38〜40度程度で5〜7日間持続し、激しい頭痛、関節痛、筋肉痛、発疹を伴います。

### ●狂犬病 （世界各地）
**感染様式**：感染した動物にかまれた傷口からウイルスが侵入し、感染します。犬だけではなく多くの哺乳動物から感染する可能性があります。
**主な症状**：発熱、頭痛、全身倦怠感、嘔吐などの不定症状で始まり、かまれた部位の異常感覚があります。次いで、筋肉の緊張、幻覚、痙攣、嚥下困難などが起こります。発症すればほぼ100％死亡する恐ろしい病気です。

### ●ラッサ熱 （西アフリカ、中央アフリカなど）
**感染様式**：感染したネズミの体内にウイルスが存在し、それらへの直接的な接触や尿を介しての飛沫感染でヒトに感染します。ヒトからヒトへは体液を介して感染します。
**主な症状**：1〜3週間の潜伏期間の後、発熱、嘔吐、喉の痛み、持続する胸痛を伴う咽頭介在隆、胸水、頭痛、下痢などがあり、時折、斑状丘疹による発疹をみとめます。また、聴力障害が残ることもあります。白斑を伴った咽頭炎と顔・眼瞼の浮腫が特徴的です。

# MEMO 参考メモ

●日本脳炎　（アジアなど）
**感染様式：** ブタを吸血し、ウイルス感染した蚊（主にコガタアカイエカ）に刺されて感染します。
**主な症状：** 一定の潜伏期間を経て、高熱、頭痛、嘔気、嘔吐がみられ、次いで、意識障害、痙攣、異常行動、筋肉の緊張性抵抗などが現れます。

●破傷風　（世界各地）
**感染様式：** 破傷風菌が、傷口についた土などから体内に侵入し、感染します。
**主な症状：** 口を開けにくい、首筋が張る、寝汗をかくなどの症状が現れます。しだいに手足にもこの異常感覚が広がります。

●エボラ出血熱　（アフリカ）
**感染様式：** 自然界の宿主は、多くの疫学調査にもかかわらず、まだ明らかになっていません。ヒトからヒトへは、患者の血液、分泌物、排泄物などに直接触れた際、皮膚の傷口からウイルスが侵入することにより感染が起こり、性的接触によっても感染が成立しますが、飛沫による感染の可能性は低いとされています。また、サルとの接触による感染も指摘されています。
**主な症状：** 発熱、悪寒、頭痛、筋肉痛、食欲不振などに始まり、さらに嘔吐、下痢、腹痛、吐血、意識障害などがみられます。

●B型肝炎　（世界各地）
**感染様式：** B型肝炎ウイルス（HBV）に感染している人の血液を介して感染します。また、感染している人の血液中のHBV量が多い場合はその人の体液などを介して感染することもあります。
**主な症状：** 全身倦怠感に引き続き食欲不振・悪心・嘔吐などの症状が現れます。これらに引き続いて黄疸が現れることもあります。

●麻疹　（世界各地）
**感染様式：** 空気感染（飛沫核感染）、飛沫感染、接触感染と様々であり、その感染力は極めて強いです。人から人以外の感染経路は通常存在しません。
**主な症状：** 発熱、鼻水、カタル症状（炎症）、結膜充血が数日間持続した後、口の中に白色の小斑点が現れます。その1、2日後から顔面に発疹が現れ始め、その後全身性の特徴的な赤い発疹が現れ、高熱が数日間持続します。

●ペスト　（アジア、アフリカ、南米など）
**感染様式：** 腺ペストはネズミのノミなどに吸血されることで感染し、肺ペストはペスト患者の咳や痰などの飛沫によって感染します。
**主な症状：** 腺ペストの場合、ノミに吸血された部分に近いリンパ節の腫れと痛み、その後、皮膚の出血斑や高熱が現れます。肺ペストの場合は、感染力が強く、重症となる場合が多く、はじめは倦怠感、咳、痰、発熱が現れ、進行と共に皮膚に出血斑を伴い、高熱を伴う肺炎となります。

●ジフテリア　（ロシア、中央アジアなど）
**感染様式：** ヒトが感染源で、患者や保菌者の飛沫などから感染します。
**主な症状：** 発熱・咽頭痛・嚥下（のみくだす）痛などで始まり、鼻ジフテリアでは血液を帯びた鼻汁、鼻の穴や上唇のただれがみられます。

●ポリオ　（インド、中東、アフリカなど）
**感染様式：** ポリオウイルスが感染者の糞便や唾液などに排泄され、汚れた手指や飲食物、玩具などを介して、経口的に感染します。
**主な症状：** 軽症の場合は軽い風邪症状や胃腸症状ですが、重症例では筋肉、特に下肢の麻痺が起きます。麻痺が現れる時期は様々で、中には発熱もなく突然麻痺のみが起こることもあります。

下記サイトでは、海外のあらゆる感染症の情報や医療情報を紹介してあります。
さらに詳しく知りたい場合は、ぜひアクセスしてみてください。

海外での感染症情報・FORTH（FOR Traveller's Health）
http://www.forth.go.jp/

### ■ パスポートを紛失したら……

パスポートを紛失した場合は、まず地元の警察へ行き、盗難・紛失証明書を発行してもらってから、すぐに日本大使館、もしくは領事館で再発行の申請をします。再発行には、証明写真2～3枚、戸籍謄本/抄本、身分証明書、パスポートの番号、発行年月日、発行地などが必要なので、あらかじめ日本から写真を予備で持って行き、パスポートのコピーも取っておきましょう。再発行に日数がかかるため、帰国日が迫っている場合などは、1回限り有効な「帰国のための渡航書」を発行してもらうこともできます。その際には航空券など日程の分かる書類も必要となります。

### ■ 現金を紛失したら……

現金を紛失した場合は、その現金が戻ってくるということはほぼありませんが、一応、警察へ行き、盗難・紛失証明書を発行してもらいましょう。プリペイドトラベルマネーやカード類で現金を手にできる場合は問題ありませんが、持っていない場合、もしくは一緒に紛失した場合は、日本にいる家族などに送金手続きをしてもらいましょう。日本に協力者がいない場合には日本人旅行者を探して助けてもらうか、日本大使館に相談するしかありません。現金を持ち歩く場合は、1箇所にまとめず、必ず小分けにしておきましょう。

### ■ クレジットカードを紛失したら……

まず、使えなくすることが最優先です。クレジットカード会社に連絡して、不正使用されないように無効手続きをし、同時に警察へ行き、盗難・紛失証明書を発行してもらいましょう。手続きの際にカード番号、有効期限が必要となるので、カード会社の海外における緊急連絡先と共に事前に控えておきましょう。再発行はカード会社によって異なりますが、早いところでは2～3日で再発行されます。

### ■ プリペイドトラベルマネーを紛失したら……

クレジットカード同様、カード会社に連絡し利用停止手続きを行います。24時間年中無休で手続きしてくれます。事前に緊急連絡先を控えておきましょう。中には発行時にスペアカードを発行してくれる会社もあり、その場合はカードの再発行手続きが不要となります。

BALI / INDONESIA
バリ／インドネシア

# Page of S

高橋歩と共に世界を旅した妻さやかちゃんのページ

ここでは、旅中のことについて、いろいろと書きますね。

まずは、宿について。
世界中でいろんな宿に泊まって、楽しい思い出もたくさんあるけど、大変なことも
いっぱいありました。

インドでは独房のような部屋に泊まったり、イースター島ではダニにやられたり、サ
ハラ砂漠でのハエの多さも気持ち悪かったし、オーストラリアの安宿では変なソファ
に寝かされて、寒いし、うるさいしで、ドミトリー（相部屋）が嫌いになったり、いろ
いろな国でシャワーが壊れていてお風呂に入れない宿があったり、怪しい人がウロウ
ロしている宿があったり……。正直、やっぱり、安すぎる宿も考えものだな、と思い
ました。

あと、世界中で、変なトイレもいっぱいでした。
ロシアのドアがないトイレ、インドの天井がないトイレ、モンゴルでは何もない草原
で……。何年も掃除していないようなトイレはもちろん、紙がなかったり、手洗いが
なかったり、水洗ではないトイレばかりだったし、トイレの数が足りずにいつも混ん
でいたりする場所もあって、かなり困りました。
最初は気になったけど、こればっかりは気にしてもしょうがない、とあきらめて、開き
直って過ごしていたら、不思議と、だんだん平気になってしまいました。

洋服の洗濯については、無駄なお金を使いたくなかったので、どこに泊まっていて
も、洗面所やお風呂で手洗いをして、部屋の中に干していました。私ひとりですべて
やるのは不公平でしょ、ということで、途中から、濡れた洗濯物をギューっと搾るの
は、あゆむの当番にしていました。

◆

食べ物という意味では、全体的に、予想していたよりも安くておいしくて、なんでも
食べられたな、という印象があります。
行く前は、もっと、香辛料が口に合わなかったり、ゲテモノみたいな食べ物ばかりの
国が多いのかな、と勝手に想像していたんだけど、決してそんなこともなく、安心し
ました。私たちは、地元の人が行くような屋台や安いレストランで食べることが多
かったけど、どこの国でもおいしいものが多くて、まずくて食べられるものがない、

というような国はありませんでした。

でも、やっぱり、私としては、日本食です。
お母さんに日本食を送ってもらったときは本当に嬉しかった。
そうめんとか、そばとか、麺つゆなどもちゃんと入れてくれていたので、大満足でした。
これに味をしめて、その後も何度か、比較的、長く滞在する宿の住所をファックスして、日本の食材を送ってもらうようにしていました。

そして、旅中は、よく歩き、よく食べ、よく眠るということを目標に、なるべく、たくさん歩き回るようにしていました。そうすると、おなかが空いてくるので、夕食をおいしく食べられるようになるし、気持ちよく疲れて眠れるので、健康を保つためには大事かな、と思います。

◆

やっぱり、買い物はどこでも楽しくて、もちろん、ウィンドウショッピングが中心ではありますが、世界中のショッピングモールは、ほぼ制覇しました。

都会ではない場所では、モノの値段が決まっていない店が多くて、ひとつひとつ交渉しなくてはいけないので、それはそれで、けっこう疲れました。もちろん、値段の交渉を通して、現地の人たちとの交流があるのは楽しいときもあるけれど、言葉がわからない国も多いし、たまに、強引な感じの店員さんや怖い感じの店員さんもいるし、正直、私は、値段が決まってるほうがいいな、と思いました。

でも、ちゃんと交渉せずに、すべてのモノを観光客価格で買っていたら、とても旅は続けられないので、現地の人の価格、もしくはそれに近い価格で買えるように、日々、頑張っていました。

まずは、どこの国でも、地元の人が使っているスーパーや市場に通って、現地の物価を知って、現地の人の感覚になることが大切だな、と思っていました。なんでも日本円に換算して考えるクセをつけてしまうと、「これくらいなら、いいか」とすぐに思ってしまうので要注意です。

そして、モノの値段が決まっていない店では、最初、高めの値段を言ってくる店員さ

んが多いので、こっちもあえて低めの値段を言って、ちょうど真ん中くらいをとったら買いたい値段になるようにしていました。それでも、うまくいかないときは、わざと、「じゃ、買わない」って怒って帰るふりをすると、「マダム、マダム」とか失礼なことを言って引き止めてきて、安くしてくれたりすることもよくありました。

◆

私は、あゆむと違って、知らない外国人と話すのはあまり得意じゃないし、英語もほとんど話せなかったので、出発前は、いろいろと不安もありました。

そして、旅の最初の頃、あまりにも英語が話せなくて困ったので、「自分から話しかけて慣れるしかない!」と思って、話しかけるきっかけとして、「世界友達作ろう計画」っていうのを始めました。

これは、ノートを用意して、いろんなところで出逢った人に名前や住所や私へのメッセージなどを書いてもらおう、という計画で、私の下手な英語でも、優しく聞いてくれて、理解してくれる人が多くて本当に嬉しかった。
このノートのおかげで、ずいぶんたくさんの人と仲良くなれました。
キャンプ場やビーチで出逢ったかわいい子どもたちや、いろいろお世話になった宿の管理人さんたち、バスなどで出逢って一緒にごはんを食べた人たちや世界中から集まっている旅人たちまで……。でも、オーストラリアのアリススプリングスという村にいた原住民のアボリジニーの人たちだけは、超がつくほどマイペースだし、見るからに迫力満点! で、ちょっと怖い感じがして、とても話しかけれらませんでした。

◆

長い旅になるし、旅の全予算をどうやって持ち歩こうか、ということについても、いろいろと考えました。

私たちの場合は、旅行資金は、基本的にすべてシティバンクの口座に入れておいて、シティバンクのキャッシュコーナーや提携しているATMでおろしていました。
行く前は、本当に世界中で使えるの? と半信半疑だったけど、実際に世界中のほとんどの場所で使えました。もちろん、使えない場所もあったけど、世界一周をする上で、別に不便した気はしません。しかも、現地通貨でおろせるので、両替しなくてよ

**243**

くて便利でした。

あと、緊急事態用に、常に米ドルを3万円分くらいずつ分散して持っていました。

財布の中とか、バックパックの中とか、いつも持ち歩いているナップザックの中とか、あゆむのギターケースの中とか、自分でも忘れちゃうくらい、いろいろなところに分散して持っていました。もし、万が一、荷物を盗まれたり、どこかに忘れたりしたとしても、とりあえず、米ドルが3万円分くらいあれば、そこらの宿に泊まって、ビールでも飲みながら、ゆっくり今後の対策を考えられるしね、とあゆむとも話していました。

そして、お財布は肩から掛けるひも付きのものにして、服の中に入れていました。お金を払うときも、なるべくササッと払って、財布をあまり見せないようにしていました。もちろん、安全な国もありますが、私たちの場合は危険な国も多かったので、お金には常に気をつけていました。

◆

旅中は、あゆむとケンカもいっぱいしました。

ちゃんと世界一周できるように、途中でお金が足りなくならないようにと、私が必死に節約しているのに、あゆむは、何十個ものライチを木ごと買ってきたり、高いカウボーイハットを買ってきたり、あげくの果てには、勝手にギターまで買ったりするので、怒りが爆発したこともありました。しかも、全然反省していないようなので、途中からは、「あゆむが1日に使っていいお金はいくらまで」と決めて、管理したりしていました。

あと、夕食前の、おなかが空いた時間にケンカすることも多かったです。私は、もう何でもいいから食べたいのに、あゆむはけっこうこだわるというか、一番食べたいものを探そうとするので、だんだんと険悪な雰囲気になることもありました。

でも、旅中は、部屋に戻っても、ずっと一緒なわけだし、すぐに本音トークにならざるを得ない環境なので、意外と早めに仲直りすることが多かったです。あとは、おいしいものを食べながら仲直りということも、よくありました。そんなふうな感じで、旅中はいつも、ケンカをしては仲直り、ケンカをしては仲直り……の連続でした。

全体としては、旅の最初の頃は、食べ物、言葉、その他のいろいろな環境の違いなど、さまざまな不安があったけど、旅を続けるうちに、だんだんと慣れてくるもので、やってみると意外と大丈夫なんだな、どうにかなってしまうんだな、と思いました。

旅中のさまざまな経験を通して、OLをやっている頃には知らなかった自分の中の強い部分やハングリーな部分なども発見できたし、前よりも自分を好きになれたような気がして、なんだか嬉しい気持ちになりました。

# FOR HAPPY TRAVELER

~旅人たちへ~

- **The Spot** あゆむ＆さやかが選ぶハッピースポット集
- **Culture Catalogue** 旅を楽しむためのカルチャーカタログ

# THE SPOT
**あゆむ＆さやかの選ぶハッピースポット集**

文字どおり、北極から南極まで地球上を放浪してきたふたりに、
特にココはよかった！ というスポットを聞いてみました。
たくさんの候補の中から厳選して、ふたりが選んだ場所、
そして、それぞれが選んだ場所を紹介します。
もし、気に入った場所があれば、
ぜひ、あなたの旅のコースに加えてみては？

AYUMU'S SELECTION, SAYAKA'S SELECTION ✈

SELECTED BY AYUMU & SAYAKA TAKAHASHI

# THE SPOT

## HAPPY SPOT ふたりが選んだハッピースポット

### ■アフリカのナショナルパーク群 （ケニア・タンザニア）

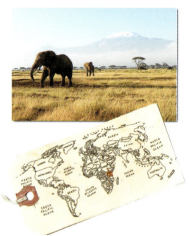

『アフリカのケニア・タンザニアをまたぐ平原に広がるナショナルパーク群。キリマンジャロの麓の大地では、現在もマサイ族が暮らしている。オレたちは、主に、アンボセリ、ンゴロンゴロ平原、ボゴリア湖などに行ったんだけど、マジでライオンキングの世界が広がっていて、動物も鳥も山も花も虹もすべてが美しくて、野性のリズム、大地のリズムが妙に心地よくて……。とにかく、ここでは、あらゆることに感動しまくってた。すごい。あとは言葉が見つからないな。』(あゆむ)

『アフリカのケニアでは、野生で暮らしている動物たちの姿を見て本当に感動しました。私は、特にキリンの美しさというかかわいさに惚れてしまいました。数万羽のピンクフラミンゴを見たときも鳥肌が立ちました。それに、ホテルも快適だったし、ジープもふたりだけで貸切りだったので気軽に楽しめました。今度は、絶対に子どもたちも一緒に連れて行きたいです。すごく喜ぶと想う。』(さやか)

【ACCESS】 ケニアの首都ナイロビから車にて。ホテルや移動手段については、ナイロビ市街の旅行代理店で手配が可能。

### ■マザーハウス （インド／カルカッタ）

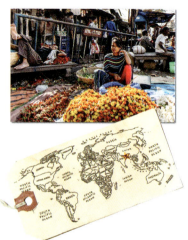

『昔からリスペクトしていたマザー・テレサが残した施設へ、彼女の感性を肌で感じてみたくて、ボランティアをしに行った。短い期間ではあったけど、実際に路上で倒れていた人たちと一緒に過ごしながら、傷の手当をしたり、地面に寝転がって一緒にごはんを食べたり、子どもたちを抱きしめたり……。貧困といわれるものの現場に立ち、リアルに触れることで、自分の中で勝手に描いていたイメージというか、壁が崩れて、ある意味で、とてもすがすがしい気持ちになったのを覚えてる。まぁ、ひとことではとても言えないけど、マザーハウスでの体験は、今回の旅中で一番といっていいくらいのインパクトがあったね。』(あゆむ)

『マザーハウスで、「死を待つ人の家」や「孤児の家」に行き、ボランティアをして、精神的にも体力的にも限界ギリギリでしたが、自分がすごく役に立っているという嬉しさを感じました。言葉は通じないけれど、人間同士って気持ちや身振り手振りで分かり合えるんだな、と想いました。「孤児の家」では、子どもたちのストレートな気持ちがすごくかわいくて、今でもあの子たちのことを思い浮かべるだけで、優しい気持ちになれます。それから、マザーハウスで出逢った日本人の人たちも魅力的な人ばかりで、みんな優しくて、とても充実した素敵な時間を送れました。』(さやか)

【ACCESS】 初めての人は、インドのカルカッタの安宿街サダルストリート周辺の宿に宿泊し、そこからサイクルリクシャー(自転車タクシー)で行くのがわかりやすい。

## HAPPY SPOT ふたりが選んだ ハッピースポット

### ■オーストラリア西海岸ドライブ

『マーガレットリバーからモンキーマイアまで、オーストラリアの西海岸をキャンプしながらレンタカーでドライブしたんだけど、あのトリップも気持ちよかった。マジで道路にカンガルーが歩いているし、野生のペリカンやアザラシはいるし、その辺の防波堤で釣りをすれば1メートルくらいのイカが釣れてるし、貝殻だけのビーチがあったり、素敵なワイナリーがあったりで、毎日、楽しみが溢れてた。キャンプ場も多いから気ままにテントを張りながら、フレンドリーなオージーの家族と一緒にごはんを創ったり食べたりしながら、毎日ぶっ飛んだ満天の星空を楽しみながら、ネイチャーライフを堪能したな。』(あゆむ)

『オーストラリアの西海岸ドライブは、開放感に満ちていてとても楽しかったです。キャンプしながらだと何を食べてもおいしいし、エメラルドグリーンの海が広がっている壮大な景色を見ながらのドライブは、それだけで思わず鼻歌を歌ってしまうような気持ちよさでした。夕方のビーチでイルカが迎えてくれたことや、途中でふらっと寄った小さい町のカフェがすごく可愛かったことなども印象に残っています。』(さやか)

【ACCESS】 オーストラリア西海岸のドライブとしては、南西部の都市パースでレンタカーを借りて、西海岸を北上するコースが一般的で便利。

### ■モンゴルのゴビ砂漠

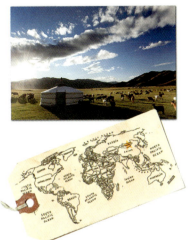

『モンゴルで遊牧民の家族と一緒に過ごした日々は、本当に強烈だった。なんか、生活のすべてがシンプルで、濃くて、愛に満ちていて、毎日が淡々と過ぎていくんだよね。遊牧民のおじいちゃんとか、強くて優しいオーラに満ちていて、男として超かっこよかったし。泊まったのが観光ゲルではなく、遊牧民の家族のゲルにホームステイ(?)みたいな感じだったから、まったく言葉が通じないなかで、家族の一員としての仕事もいろいろあるし、都会っ子のオレたちには少々ハードなこともあったけど、だからこそよかったのかもしれない。マジで最高の時間だった。』(あゆむ)

『モンゴルでの遊牧民の人たちとの生活はとっても印象に残っています。ゲルでの暮らしは辛かったこともあるけれど、とてつもない大自然には圧倒されました。そして、一緒に暮らした遊牧民の男の子も、すっごくかわいかった。毎日のように、夕方には真っ赤な夕焼けを見て、夜になれば満天の星を眺め、愛する人と一緒に感動できること。一生忘れられない、とても幸せな時間でした。』(さやか)

【ACCESS】 モンゴルの首都ウランバートルから小型飛行機でゴビ砂漠へ。そこからジープで遊牧民の人たちが暮らしているゲルへ。移動手段等はウランバートルの町中でも予約可能だと想うが、ホームステイしたい場合は、日本で手配したほうが確実。

## HAPPY SPOT ふたりが選んだ ハッピースポット

### ■モーリシャスアイランド （モーリシャス）

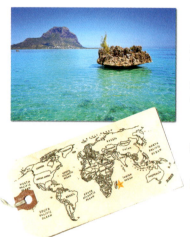

『ケニアの首都であるナイロビから飛行機で行ったインド洋に浮かぶ美しい島。世界一美しいビーチと言われるイル・オ・セルフで、さやかとシーカヤックに乗り、ボブ・マーリーを聴きながら過ごす時間は極上だった。まさに、ONE LOVEな世界。ブルーマーリンも釣れるし、また、すぐにでも行きたいな。』（あゆむ）

『モーリシャスは、アフリカ独特の激しさもなく、人々は穏やかだし、海が見たこともないくらい綺麗だったので、気持ちよくリフレッシュすることができました。ふたりで島内をバイクで走り回って、ビーチで休んだり、市場に寄ったり、雑貨屋をのぞいたり、果物を食べたり、とても楽しかったです。素敵なリゾートホテルもたくさんあるし、カップルや夫婦には特にオススメだと思いました。』（さやか）

【ACCESS】 ケニアのナイロビに限らず、各地から飛行機で入島可能。

### ■ハワイ諸島

『最初は、ハワイ？ ダサいじゃん、みたいな感じで、行くつもりもなかったんだけど、アメリカで買った太平洋周遊チケットに含まれていたので、数泊のつもりで寄ってみたらビックリ！ サイコーじゃん。なにをするでもなく、そのへんをフラフラしていただけなんだけど、島全体にピースな空気が溢れてて、身体中の細胞がおもいっきり喜んでた。オレは特に、ネイチャー＆アートの溢れるビッグアイランドに惚れたね。』（あゆむ）

『ハワイでの日々は天国のようでした。とっても清潔なコンドミニアム、ベランダで夕陽を眺めながらの食事（私の作った日本食！）、1ドルでどこにでも行ける便利なバス、本当においしかったシナボンのシナモンロール、毎日通ったABCストア、ふたりで31アイスを食べながら散歩した夜の海岸……。気候も良くて、適度に都会だし、とても過ごしやすくて、毎日、楽しかったです。ここだけは、本気で住みたくなってしまいました。』（さやか）

# AYUMU'S SELECTION あゆむセレクション

## ■サハラ砂漠&オアシス（モロッコ）

『世界一周するなら、やっぱり、サハラは行くでしょ！ 大丈夫、暑くない、暑くない！って感じで、なんとかさやかを説得して行ったんだけど、やっぱりめちゃくちゃ暑かったね。夜は超寒いし。ハエの数も半端じゃないし。でも、どこまでも広がっている誰もいない砂漠を、風がデザインした砂の模様に感動しながら、さやかとふたりで黙々と歩いているうちに、今までに感じたことのない強烈なトリップ感を味わった。そして、夜は夜で、世界一の星空、天の川を見てふたりで泣きそうになったり。しかも、その後に行くオアシスがまた感動的！突然、目の前に現れるあの花と泉に囲まれた楽園を見たら、なぜ、昔の人たちがオアシスを手に入れるために戦ったのかがわかる気がした。』（あゆむ）

【ACCESS】モロッコのメルズーガという町から、ジープで数時間。メルズーガの町に行けば、宿にも、路上にも、ドライバーたちがいると思うので、あとは交渉次第で。

## ■アムステルダム（オランダ）

『アムスも大好き。あれが合法なのはもちろんだけど、キオスクで10カ国語くらいのさまざまな新聞を売ってるくらいに人種が入り交じってるし、おしゃれな洗練されたブティックのとなりに平気でストリップ小屋とかあるし、駅前のデパートでやっているイベントがなぜかモンゴル展だし、街外れの小さなカフェにぎゅうぎゅうになってオーケストラ入れて最高のモーツァルトを演奏してたりするし……。なんか、いい具合にすべてがぐちゃぐちゃにちゃんぷるー（mix , jam）してて、インスピレーションがいっぱいもらえる街だった。アジアの料理が食べられるレストランが多いのも嬉しいしね。』（あゆむ）

## ■セスナトリップ（アラスカ / キーナイリバー）

『大好きなカメラマン星野道夫さんの愛したアラスカに憧れて、アンカレッジからセスナに乗り、山奥のキーナイリバーの支流へ飛んでもらった。味のあるセスナの機体も、葉巻をくわえたパイロットもめちゃくちゃかっこよくて、マジで「紅の豚」の世界だった。深い森の奥に流れる川に着くと、何十匹のレッドサーモンが川を遡上していた。母グマが小グマに狩りを教えていた。そして、あんなに深い森を見たのも生まれて初めてだった。ただただ、大自然に圧倒されて感動に震えてたね。もちろん、採りたてのサーモンとイクラの親子丼（アラスカ丼？）も絶品だった。MYセスナのパイロットになり、たまに人を乗せて運賃をもらいながら、自由に気の向くままに空を飛びまわりながら生きていく、ブッシュパイロットという生き方に惚れたね。あの人たち、やばいくらいかっこよかった。』（あゆむ）

【ACCESS】アラスカのアンカレッジの宿・ホテルなどで予約可能。

THE SPOT 255

# AYUMU'S SELECTION
あゆむセレクション

## ■ガンジス川（インド / バナラシ）

『聖なる川ガンジス。毎日、朝と夕方に小船に乗って川に出たり、川岸の市場をフラフラしながら過ごしてたんだけど、ここは絶対に来なきゃいけない場所だったな、と感じた。淡々と死を待ちながら暮らしている老人たちの表情、そして、目の前で人間が焼かれているシーンを見て、やっぱり、オレも、自分の人生の持ち時間について考えさせられた。ガンジス川の水で作ったチャイを飲みながら吸うタバコは妙にうまかったな。メメントモリ〜死を想え〜。そんな空気の中で、青い空を見上げてさ。』（あゆむ）

## ■ココロコアイランド（フィリピン / パラワン島沖）

『フィリピンのパラワン島の沖にある小さな小さな秘密の楽園。隠れ家的なアイランドビレッジ。海も風も星も珊瑚もカレーもアイスコーヒーも酒もすべてバッチリ！ まさに、シンプルでカラフルでピースフルな村だった。癒しのパラダイスではなく、一緒に楽しもうぜ！ という元気な空気が島内に溢れていて、とっても居心地がよかった。今、沖縄で進行中の島プロジェクトも、すべては、このビレッジを見たのがきっかけだったし、そういう意味でも、オレにとって、このビレッジの存在は大きいね。』（あゆむ）

【ACCESS】フィリピンのパラワン島の中心になる町プエルトプリンセサからバスに乗り、ロハスという村へ。そこから船が出ている。移動手段や宿の手配は、プエルトプリンセサの町で可能。

## ■ポカラ（ネパール）

『ヒマラヤ山脈と湖に囲まれた爽やかな村。インドから激しい長距離バスに乗って来ただけに、特に和んだ。地元の子どもたちと一緒にボートに乗り、パンを練って作ったエサでレワという巨大魚をゲット！ バイクでチベット難民と呼ばれる人たちのキャンプに遊びに行って物々交換などをしながら楽しみつつ、同時に、「FREE TIBET!」な気持ちがこみ上げてきた。あと、停電になった夜に偶然見れたんだけど、山岳民族の人たちが生活に使っている何千本のキャンドルの光が湖を照らしているあの風景は、まさに、この世の天国だったね。』（あゆむ）

# AYUMU'S SELECTION あゆむセレクション

## ■ラップランド（北極圏）

『フィンランドから北上して、北極圏にも突入してきた。ラップランドという土地は、トナカイと共に生きるサーメ人の故郷でもあり、サンタクロースの故郷でもある。不思議な感じのする白夜の明かりの中、紫色に輝く川をカヌーで漕ぎ出したときの神秘的な空気は今でも忘れられない。なんか、おとぎ話の絵本の中に入っちゃったような感じがした。ラップランドに暮らす人たちが創る木細工＆革細工にも惚れちゃって、地元のフリーマーケットでの買い物もすごく楽しかった。』（あゆむ）

【ACCESS】フィンランドの首都ヘルシンキから電車でロバニエミという町に行けばわかる。

## ■オールドヤホのアーティストビレッジ（イスラエル）

『イスラエルという危険なイメージに反して、海沿いの丘にあるピースでアートな空間。世界中の芸術家たちが集まるアーティストビレッジ。かっこいいギャラリーやファクトリーが溢れ、ワークショップも盛んにやってるし、偶然に出くわした結婚式もすごく素敵だった。気持ちのいい場所に暮らす、気持ちのいい人たちと、気持ちのいい時間を過ごせた。自分の中のクリエイティブな何かがすごく刺激される空間で、あそこも大好きだな。』（あゆむ）

【ACCESS】イスラエルの首都エルサレムから、バスにて。

## ■バイロンベイ（オーストラリア）

『オーストラリア東海岸にある、ヒッピーとサーファーとアーティストの集う小さな村。ナイスなカフェも多いし、ビーチパークもイケてるし、ハッピーな時間が流れてる村だった。笛を片手に放浪している長髪のヒッピーたちと戯れるのもぶっ飛んでて楽しかったし、夜のビーチでは、誰かが叩くジャンベのリズムに合わせてみんなで勝手に踊ったり、さやかとふたりでビール片手に散歩したり、なんだか、いつもいい感じでさ。あそこは、また、ふらっと寄りたくなる村だね。』（あゆむ）

# SAYAKA'S SELECTION さやかセレクション

## ■パリ散歩（フランス）

『パリの街で買い物をするために、旅の前半からへそくりを貯めていた事もあって、とても期待していたんだけど、行ってみたら、期待通り！の素敵な街でした。シャンゼリゼ通りやモンマルトルなど有名な場所ももちろん好きだけど、路地裏の八百屋さんの野菜を包む紙がすごく可愛かったり、小さな定食屋さんのさりげない料理がすごくおいしかったり、どちらかというと、そういう生活的な細かいこだわりというか、繊細な感じがとっても気に入りました。行く前は、パリかよ、とかいろいろと文句を言っていたあゆむも、行ってみたら意外に楽しそうにしていたので、なんだかウケちゃいました。』（さやか）

## ■スーク（商店街）巡り（モロッコ/フェズ）

『モロッコのフェズでは、巨大な迷路みたいな町での買い物がすごく楽しかったです。とにかく物価が安いし、店がとても多くて見る甲斐があるし、雑貨屋さんから、花屋さんから、動物をその場で殺して売るような肉屋さんまで、本当にいろいろな店があって、飽きないし面白かったです。そして、屋台のいっぱい出ている夜の広場の雰囲気も素敵で、いつもワクワクしながら歩き回っていました。』（さやか）

## ■アンデス山脈の市場（ペルー/ピサック）

『ペルーのクスコの近くにあるピサックの市場も、大好きな場所のひとつです。アンデス地方独特のカラフルな服を来て、帽子をかぶったおばさんたちがパワフルに動き回っている姿を見ているだけで、こんなところが本当にあるんだ！ という驚きと、なんとも言えぬかわいらしさがあって、心が和みました。ずいぶん遠い国に来てるんだな、と実感させてくれる素敵な場所でした。』（さやか）

【ACCESS】ペルーの高山都市クスコから車にて。

## SAYAKA'S SELECTION さやかセレクション

### ■古いお城を改造したホテル（スペイン／コルドナ）

『スペインで泊まった古いお城を改造したホテルも、すごく素敵でした。10世紀にできたというお城の中の雰囲気はもちろん、有名シェフの作る料理もおいしいし、ワインもおいしくて、久しぶりに贅沢な気持ちになりました。お城の周りの小さな城下町も古くからの雰囲気を残していて、夕焼けに染まるレンガの町並みを、鐘の音を聞きながらふたりで歩いていると、とっても幸せな気持ちになれました。』（さやか）

【ACCESS】マドリッドからバスにて。予約はマドリッドの旅行代理店などにて。

### ■カトマンズでの雑貨屋めぐり（ネパール）

『ネパールのカトマンズは、歩いているだけで、いろいろな人との交流があって不思議な町でした。町全体が市場みたいで、面白い店がたくさんあるし、人も優しいし、日本人と顔が似てるし、なんだかなじみやすくて、あゆむとふたりでいろいろな裏道を散歩しながら、楽しい時間を過ごしました。物価が安い国では気に入ったものをちょこちょこと買えるので、私にとっては、それもすごく魅力的でした。』（さやか）

【ACCESS】イスラエルの首都エルサレムから、バスにて。

### ■クアラルンプールの屋台村（マレーシア）

『マレーシアのクアラルンプールにいるときは、屋台村ばかり行っていました。ここのチャイナタウンは世界一かな、と想います。ヌードルも魚のフライもパンもデザートも、とにかく何を食べても安くておいしいし、ちょっと太っちゃうかも？と心配していました。ここは、またいつか、じっくりと堪能したい場所のひとつです。』（さやか）

【ACCESS】イスラエルの首都エルサレムから、バスにて。

### ■ベダラアイランド（オーストラリア）

『オーストラリアのケアンズ沖にある島で、島ひとつ丸ごとリゾートになっている豪華な空間でした。他のお客さんはリッチそうな人ばかりだし、世界中のセレブがお忍びで訪れる島という感じで、正直、私たちは少し場に合わない感じもしましたが、せっかく来たので、おもいっきり最高級の料理を食べたり、赤ワイン風呂に入ったり、超リッチな気分に浸りました。でも、夫婦で運営してることもあって、豪華なだけではない温かみがあって、それも素敵でした。』（さやか）

【ACCESS】オーストラリアのケアンズ空港から専用機にて入島。予約はケアンズの旅行代理店などにて。

WORLD JOURNEY 03  FOR HAPPY TRAVELERS  CULTURE CATALOGUE

# CULTURE CATALOGUE

旅を楽しむためのカルチャーカタログ

# BOOK

やっぱり、旅に本はつきものでしょ。書を持って旅に出よう！
CULTURE CATALOGUE
20 ARTISTS / SELECTED BY AYUMU TAKAHASHI

小さな島のビーチでラムを片手に読んだら、間違いなくトビます。

「アイランド・トリップ・ノート」
森永博志／A-Works

リチャード・バック3部作を読みながら旅をするという贅沢。自由。

「かもめのジョナサン」
リチャード・バック／新潮文庫

「イリュージョン」
リチャード・バック／集英社文庫

「ONE」
リチャード・バック／集英社文庫

この物語も、旅をしながら読んだらやばい。大草原でのんびりと。

「アルケミスト」
パウロ・コエーリョ／角川文庫

定番だけど、やっぱり大好き。脳みそにガツンとくる。

「メメント・モリ」
藤原新也／情報センター出版局

本当に大切なものは、目に見えないんだよ。

「星の王子さま」
サン＝テグジュペリ／岩波書店

旅に癒しなんていらない。ビートを刻んでいこう。

「路上」
ジャック・ケルアック／河出文庫

世界中の子どもたちと出逢い、笑う旅。最高だよね。

「『たからもの』って何ですか」
伊勢華子／パロル舎

旅先で読む宮沢賢治。やばいです。じわじわきます。

「新編　宮沢賢治詩集」
宮沢賢治／角川文庫

星野道夫さんの作品に触れずに、旅を終われるのか？

「イニュニック＜生命＞ アラスカの原野を旅する」
星野道夫／新潮文庫

世界を旅すれば旅するほど、日本人としてのDNAが目覚めてくるのだ。

「この国のかたち」
司馬遼太郎／文春文庫

「竜馬がゆく」
司馬遼太郎／文春文庫

「坂の上の雲」
司馬遼太郎／文春文庫

# MUSIC

いつも聴いてるけど、旅先で聴いたら、もっと気持ちいい音楽たち。

**CULTURE CATALOGUE**
**20 ARTISTS / SELECTED BY AYUMU TAKAHASHI**

### John Lennon

なにはともあれ、やっぱりジョンでしょ。PEACE。

### Caravan

キャラバンの音楽と一緒に、楽しいキャラバンを。

### Bob Dylan

ディランのしわがれ声を聴きながら、世界中の風に吹かれよう。

### Bob Marley

One Loveな気持ちで旅したいね。ずっと。

### TINGARA

この琉球の透明感は、世界共通の美しさだと想う。

## Jack Johnson

このアコースティックを午後の海で聴いたらたまらない。

## QUEEN

街外れの安宿でガンガンに酔っ払って聴くフレディの声。やばいです。

## Stevie Wonder

この人の空気も、世界中で気持ちよかった。

## The Beach Boys

やっぱり、海にはハマるんだよね。

## 尾崎 豊

世界一周の旅中に、絶対に一度は聴きたくなる、はず？

# A's Note

高橋歩の旅ノートに綴られたコトバから

**自分のカラダの中心が感じたビートだけが頼りだ。**

TOKYOにいると、「耳をすます」ことが少なかったな。


たまには窓を開けて、未来の風景を見てるかい？

世界中の街角を歩きながら。
「もし、自分がここに産まれたら、どう生きるだろう？」。そんなことを想像するのが好き。
「もし自分だったら……」。そんな視点で眺めてみるだけで、あらゆる風景が妙に身近に感じてくるから不思議だ。


「狭くて、なんでもある場所」にいるときは、道を選ぶことに必死だった。
「広くて、なんにもない場所」にくると、ただ歩くだけだった。
選び疲れるよりも、歩き疲れて眠りたい。


部屋に戻ったら、見知らぬ赤ちゃんがオレタチのお菓子を食っていた。
安宿の、そういうところが好きなんだ。


人種が交錯する渦の中で暮らす。
全員に共通する「常識」「価値観」などが見当たらない環境で暮らすと、「自分の美学」を貫き通すしかなくなる。
でも、俺の美学って、なんだ？


「ねぇ、ねぇ、南極行っちゃう？」
「いいねぇ、行こう行こう！」
「じゃ、予約しとくよ」
そんな会話がナチュラルな毎日。
だんだん脳味噌に翼が生えてきたみたい。


そうだ。
「祭り」を待つんじゃなく、自分で「祭り」をやっちまえばいい。


**世界放浪を続けているうちに、大事なことがどんどんシンプルになってきた。**
大きなもの、広いもの、複雑なものに触れれば触れるほど、大事なことは小さく小さく絞られていく気がする。
おやじ、おふくろ、弟、妹、彼女、仲間……
「大切な誰か」のために始めた小さなことが、結果として大きな世界をHAPPYにしていくことになる。

子供の頃、「自転車」を手に入れて、町内すべてが遊び場になった。
ヤンキーの頃、「バイク」を手に入れて、県内すべてが遊び場になった。
そして、今、「時間」を手に入れて、世界すべてを遊び場にしようとしている。
昔から、新しい遊び場で新しい遊びを考えるのが大得意だった。
ノリは全く変わってない。
道具が変わり、年齢とともに遊び場が拡大しているだけのこと。
「ねぇねぇ、何して遊ぼうか?」
この問いほど、俺のクリエイティブを刺激する言葉はない。

# そう。大人がマジで遊べば、それが仕事になる。

いつもこころにあおぞらを。あおぞらはつながっている。

自分の女さえ幸せに出来ない奴に、日本も地球も幸せに出来ない。
そんな想いが、心を吹き抜けていく。

# What do you want ?

オマエハ　ナニガ　ホシインダ?
それに答えられない人は、旅を続けられないぜ。

## ガラクタに、愛を。

未来のために、今を耐えるのではなく、
未来のために、今を楽しく生きるのだ。

## もっと肌で。もっと身体で。

オレの実感。それだけをコトバに。
アナタの実感。それだけを聞かせて欲しい。

ケニア。赤道直下の路上マーケットで、アフリカンガールのルーシーが石に刻んでくれた3つの小さなコトバたち。

## ONE LOVE. ONE SOUL. ONE HEART.

ずっと、そんな想いでいられたら、きっとオレタチはつながっていられる。

## ただ「HOTな虫けら」でいたい。ずっと。

ヒントはあるが、ルールはない。
いろんな生き方に触れれば触れるほど、「こんな生き方もありなんだ」って、自分の選択肢も広がる。
いろいろな価値観に触れれば触れるほど、「じゃ、自分はどうなんだ？」って、自分の価値観を確かめることになる。
他人を知るということは、自分を知るということでもある。


## BELIEVE YOUR トリハダ。
## 鳥肌は嘘をつかない。


必 要 な の は 、勇 気 で は な く 、覚 悟 。
決 め て し ま え ば 、す べ て は 動 き 始 め る 。


１００粒のビタミン剤よりも、ひとかけらの大自然を。


足 踏 み し て て も 、靴 の 底 は 減 る ぜ 。


$15で、釣り竿を一本買った。これを片手に海に出て、$1000分の夕食を釣り上げてやるぜい。
$80で、アコースティックギターを一本買った。これを片手に街で唄い、$1000分の飲み代を稼いでやるぜい。
この2つの道具で、お金には代えがたい友達をいっぱい創ろう。


方角を失った旅ほど、ワクワクするものはない。
　　　方角を失った日常ほど、退屈なものはない。


人生は、計画できるほど単純じゃない。
人生は、約束を守ってくれるほど律儀じゃない。
でも、言葉に出来ないアツイオモイだけは、決してウソをつかない。
「今、自分を呼んでいる場所へ」
居心地の悪くない部屋を出て、フィールドへ飛び出そう。
風の中ですべてを知っていくんだ。


## 自分の未来にダイブしな！


ヒ ト は 、 強 く な れ ば な る ほ ど 、 優 し く な れ る の ？

花を美しいと感じるココロは、やっぱり、全世界共通みたい。


心ないボランティアよりも、心あるバーテンダーのほうが、世の中の役に立っていることが多い。
心ない政治家よりも、心ある掃除のおばちゃんのほうが、世の中の役に立っていることが多い。
「心ある仕事」をしている人は、みんな、かっこいい。
世界中の路地を歩きながら、たまにそんなことを想う。


「出逢えてよかった」。
ココロから、そう想いあえるような出逢いは、オレの場合、いつも、「ぶっちゃけた話」から始まるみたいだ。


失敗だらけの日々。でも、失敗が恥なんじゃない。
失敗によってエネルギーを失ってしまうことが恥なんだろ?


木の葉が風に揺れるリズム。ビーチで波が繰り返すリズム。青空を雲が横切っていくリズム……
自然のリズムを感じよう。そして、自分のリズムを感じよう。


この旅を通して痛感する。
人間が人種を超えて感じ合うための最高の扉は、やっぱり、「音楽」と「酒」らしい。


インドには、カメラを向けてはいけない光景、カメラを向けることなんか絶対に出来ない光景が、いっぱいいっぱいあったんだ。胸が苦しかったよ。
相手が誰であろうと、なんであろうと、写真は「撮る」ものではなく、「撮らせてもらう」もの。
撮らせてくれた相手に、少しでも恩返ししようと想ったとき、「デジタルカメラ」ってやつは、撮った写真をすぐに相手に見せて一緒に楽しむことが出来るっていう、すごく人情味溢れる武器を持っている。
旅の出逢いに、デジカメはオススメだな。


どこまでも行ける気がするから、一歩一歩を大事に刻もう。


自分の心の中に、どれだけの人が住んでいるか。


「ふたりでビーチを歩く」と聴いても胸はキュンとしないが、「ふたりで渚を歩く」と聴くと、胸がキュンとする。
「ファイヤーワークスディスプレイ!」と聴いても胸はキュンとしないが、「花火大会」と聴くと、胸がキュンとする。
旅に出て、もうすぐ5ヶ月。
そういう感じのホームシックがあるな。

インド・カルカッタの路上に立ち、オレはなにもできない。

生きているのか、死んでいるのかもわからない様子で、泥だらけの地面にうつぶせに倒れているやせ細ったおばあちゃんの横を通り過ぎる。倒れているおばあちゃんの足にしがみついている枝のような赤ちゃんの横を通り過ぎる。ゴミの中に埋もれ、傷ついた皮膚が膿み、そこにハエがたかっているおじさんの横を通り過ぎる。残された片足で地面をはいずり回り、小さな手でオレの足にしがみつこうとする子供達の横を通り過ぎる。

溢れかえるクラクションと「ジャパニーズ！マネー！マネー！プリーズ！」という怒声を浴びながら、排気ガスまみれの空を見上げるだけの、カルカッタの夕暮れ。

TOKYOという空間で手に入れてきたはずの「夢を叶える自分」は、なにもできなかった。

TOKYOという空間で手に入れてきたはずの「雄弁な自分」は、なにも言えなかった。

TOKYOという空間で手に入れてきたはずの「自分」は、意外に無力だった。

「せめて、この胸の痛みが、新しいオレの誕生であって欲しい……」

精一杯のココロが、そうつぶやいたとき、「なんでもいい。いま、ここから、なにかしよう」と思った。

路上に座り、勇気を奮い、「なにか手伝いましょうか」って、ひとことだけ、倒れているおばあちゃんに声を掛けてみた。オレの魂をかけた、不気味な必死のスマイルで。

そしたら、意外にも、おばあちゃんは、無言でニコっと笑ってくれた。

なんだかよくわからないけど、嬉しかったぁ……。一瞬だったけど、初めて、なにかが交換された気がしたんだ。

ジョン・レノンの「IMAGINE」が、たまらなく聴きたい夜、オレはちょっぴりだけど確実に、変わり始めた自分を感じている。


～「優しさ」の反対は「無関心」である～　　マザー・テレサ



インド・カルカッタで、カーリーガート（「死を待つ人の家」）・シシュババン（「孤児の家」）に行き、故マザーテレサ達の活動を手伝ってみた。

路上に倒れて死にかけていたおじいちゃん達と一緒に、シャワーを浴びた。

手足のひん曲がったおじいちゃん達と一緒に地面にねっころがり、パンを食べたり食べさせたり。

うんちやしょんべんもたくさんついちゃったけど、なぜか嫌じゃなかった。

触れてみて、壁が崩れた。

オレは、遠くから眺めるだけの偽善者の如く、感傷的になりすぎていた自分が恥ずかしくなった。

オレは今まで、偏ったイメージによって創られた分厚いフィルターを何枚も通して「路上の人たち」と「インド」っていう国を見ていた。

現実は、そんなにブルーじゃなかった。

ほとんどの路上の人にとっては、路上での睡眠が「ライフスタイル」であり、倒れているんじゃなく、ましてや、死んでいるわけもなく、ただ、昼寝をしているんだってことを知った。実際に寝てみるとわかるけど、地面で寝るのは冷たくて意外と気持ちいい。

それに、本人達は、決して悲しんでいるばかりじゃない。

みんな想ったより明るくて、想ったより楽しんでて、想ったよりギャグで、想ったよりイージーだった。

言うまでもなく、もちろん深刻な面は多々あるが、それだけで見ると感傷的になるだけで、リアルは見えてこない。

何となくオレの目から過剰なフィルターが溶け始め、「なにか」がクリアーになった。

そこには、悲しみや痛みではなく、数千年の歴史によって創られた「現実」と、「これから」があるだけだった。

近いうちに、カルカッタの夕暮れをもう一度見たいと想った。

誰かに話している自分の言葉を聞きながら、「へぇ、俺ってそんなこと想ってたんだ」なんて、自分自身に驚いたりすることが多い。ひとりでチカライッパイ押しても開かなかった扉が、誰かと話すことで、知らないうちにスーッと開いてることがよくある。
なんか、大事なことって、ひとりで考え込んでいるよりも、何気ない会話の中にぽろぽろって出てくるんだよね。
やっぱり、「会話」って偉大だな。


ゆっくりやりてぇなら、胸張ってゆっくりやろうぜ。
ぶらぶらしたけりゃ、飽きるまでぶらぶらしようぜ。
ココロに引っかかることがあるなら、納得できるまで遠回りしようぜ。
「年相応の世間体」なんて気にしてたら、自分を小さくするばかり。
「人生」とは、生まれてから死ぬまでのすべての期間をさすんだ。
「人生、男子は一事を成せば足る」。
いつか、死んじまう日がくる前に、一回でもいい、一瞬でもいい、命を精一杯輝かせた、でっかい花、咲かそうな。


## イマ、ココに、アナタといるオレが、オレのすべてだ。


オンボロバスの中でシェイクされること約20時間。インドの国境を越え、ヒマラヤの麓ネパール・ポカラへと向かう。地元民にグチャグチャにもまれながら、広大なアジアの地面を這うように旅していると、かなり日常的に「山岳民族」と呼ばれるような人々の生活に遭遇する。
人間のルックスも強烈なインパクトがあるが、それよりもさらに、彼らの家、服、壁画などの独特なデザインに興味を覚えた。自分の過ごしやすいように創られた家、自分の着やすいように創られた服、自分の気持ちに合わせて描かれた壁画……すべてが「オーダーメイド」だ。
「自分の使うものは自分で創る」という思想。「自分の生活を彩るために描く」というアート。
「フルオーダーメイドの暮らし」と「カラフルな笑顔」から伝わってくる彼らの充足感は、幸せのカタチをオレに問いかけてくる。


マジで、コーラだけは、どこの国に行ってもおいしいんだよねぇ。
オレは、心から想う。「コーラ、偉大なり」って。


## あ な た は 人 生 に 何 を 望 ん で い る の ？


大事なことは、正面から「向き合う」ということ。
あの人とも。自分とも。


日本人だろうと、ペルー人だろうと、社長だろうと、プータローだろうと、
自分にウソをついてない人は、瞳が明るいよな。

遊びでも仕事でも、そんなのどっちでもいい。
もっともっと、見て聞いて味わって嗅いで触れて……
五感をバンバン解放して、自分の魂を喜ばせてあげたい。
# オレは生きている。


街並み、教会、古城、砂漠、遺産、海、空、花、動物、音楽、虹、天の川、朝焼け……そして、さまざまな人間の営み。
予想を超えるたくさんの美しいものに出逢い、「すげぇ……」というコトバを連発し続ける日々。
旅中は、オレのココロにある「美しいものセンサー」が作動しっぱなしだ。
自然が創り上げたものだろうと、人間が創り上げたものだろうと、やっぱり、美しいものは偉大だ。
美しいものは、ただそこに存在しているだけで、生きる喜びをおもいっきり感じさせてくれる。
美しいものは、ただそこに存在しているだけで、人間を優しい気持ちにしてくれる。
今回の旅は、そんな美しいものの持つパワーを実感させられる旅でもあるな。


複雑の中のシンプルを捕まえて、どんどん前進しよう。


すてきな街には、必ず、すてきなカフェがある。
これも、世界共通。


どこに向かっているのかなんて、知らない。
ただ、有限である人生の持ち時間の中で、行けるところまで、自分を成長させ続けたいだけなんだ。


# サインを見逃すな！


演技しなくていい。
テンションをあげなくっていい。
ほにゃっとしたふつうのオマエを見せてくれ。
ほにゃっとしたふつうのオレを見せるから。
要は「オレとオマエ」であって、ひとつふたつの言葉や行動で、オマエを判断しやしないさ。
オレは審査員じゃない。
トモダチなんだぜ。


目的を決めると、その目的と関係ないものは見えなくなる？
世界の片隅で、ふっとそんなことを想う。


ウソもハッタリもゴマカシもタテマエもミセカケもウワサもヴァーチャルもシンクロニシティーもポジティブシンキングも……もう、たくさんだ。
「鮮烈なリアル」を感じることからのスタート。

愛されたいと願うばかりで、愛することを忘れてないか？


原始時代の方が人間は幸せだった？
科学の進歩の先には破滅しかない？
古き良き時代を思いだせ？
子供の頃の純情を取り戻そう？
そんなこと言ってたって、なにもはじまんねぇ。
時代は歩いていく。俺たちは成長し続ける。
「原点」に帰るのではなく、今いる場所に踏ん張り、この迷路を突破して、「新しい原点」を見つけたいんだ。


スペイン、マドリッドの夜。
「アイツ、元気にしてるかなぁ」なんて、日本にいる仲間のことを考えてると、オレも元気が湧いてくる。どこで暮ら
していようとも、「人間のココロの根」は、つながっているらしい。
それぞれの場所で。それぞれの方法で。それぞれのペースで。
ただ、同じ時代を生きよう。
そして、一生、うまい酒を。


# やれば、わかる。単純なことだ。


### そこのアンタ。
### きれいな服を着て見ているだけかい？


小手先の技術はいらない。
大げさな批評や解説もいらない。
生き方がアートだ。
死ぬときに、「自分という作品」に感動したいだけ。


もうすぐ正月か。あ～。コタツでミカン喰いてぇ。


### 「HELLO」と「GOOD-BYE」が、ものすごいスピードで繰り返される旅の日々。
### オレに、魂の喜びを伝えてくれた、たくさんの人々。
### オレは、「ありがとう」を伝えるだけで精一杯の毎日を生きている。


自分自身の透明感を思い出す午後。
風が吹いている。オマエが笑ってる。オレは歩き続ける。

ナメられるな。ナメていけ。
人間、そう簡単に死にやしねぇ。


世界は広い。人間は深い。オレは、まだまだ知らないことが多すぎる。
すべてを知りたい。すべてを感じたい。それから、ゆっくりと自分のやるべきことをやっていきたい。
でも、長く生きても残り5、60年。「人生の持ち時間は限られている」という静かなリアル。
オレは、今、今日、今月、今年、この有限な時間をなにに賭ける?
優先順位の付け方が、人生を大きく左右するな。
ちなみにオレの優先順位は、「うめぇ!」「すげぇ!」「よっしゃぁ!」「しぶい!」……そんな感覚?


# オレは、日本人だ。


自分だけのために頑張るときよりも、大切な人のために頑張るときの方が、純粋に燃えられる気がするのは、なぜなんだろう。


## 人 生 は 、 楽 し む た め に あ る 。


フィンランド。
モンゴル、ロシアを抜けて、久しぶりに、「快適な」ロッジで過ごす爽やかな夜。
「結婚して、なにが変わった?」
突然、サヤカにそう聞かれたが、オレにはピンとくる答えが見つからなかった。
ただ、はっきりと言えることがひとつだけある。
「俺たちはいいチームだ」


シベリア鉄道を途中下車して寄った、イルクーツク。
ロシアの小さな街はずれで過ごす、ふたりだけの静かな午後。
古い教会の鐘、路面電車、荷馬車、木々や小鳥たちが無意識に奏でるBGM。
お互いに黙ったままでも、時間は穏やかに流れる。
なにげなく、「サヤカの手」の写真を撮ってみた。
へぇ〜、こんな手をしてたんだぁ。
6年以上も一緒にいて、今まで何千回も目にはしていたけど、
サヤカの手を「見た」のは、初めてだった。
結構、オレ、この女性のこと知らないんだなぁ。
意外で新鮮な感じと、ちょっと申し訳ないような感じが入り混じって、妙に複雑な気分。
オレは、この女性のことをどれくらい知っているんだろう?
この女性は、オレのことをどのくらい知っているんだろう?

俺があくびをすると、80％の可能性で彼女にうつる。
俺がおならをすると、90％の可能性で彼女が怒る。
そういう距離で、俺たちふたりは長い旅を続けている。
ふたりで、元気にはしゃぎたい夜もあれば、ひとりで、静かに酔いたい夜もある。
ふたりで、寄り添っていたい夜もあれば、ひとりで、冷たい風に吹かれたい夜もある。
同じ空間で過ごす膨大な時間を通して、「ひとりの自由」ではなく、「ふたりの自由」を探し始めている。
「結婚」という名の約束で始まった「永い旅」は、生まれて初めて、「他の人間」というものと、心底、本気で向かい
合うチャンスをくれた。


　　　　　　　　　　　　　　　　　　　　　最近、サヤカとケンカばっかりだ。
　　　　　　　　「そんなこと、言わなくてもわかるだろ」じゃ、ダメみたい。
　　　　　　「そんなこと」を、わかりあおうとする作業を愛と呼ぶのかもしれない。


「今日は疲れたな……」
サヤカの寝顔を見ていると、「ありがとう」と「ごめんな」を、ずいぶん言い忘れていたことに気づく。


オレの中で、日々変わっていくことがある。
そして、決して変わらないことがある。
サヤカの中にも、日々変わっていくことがある。
そして、決して変わらないことがある。
互いの中にある「決して変わらない部分」を愛おしいと思えたから、きっと、オレタチは一緒にいるんだろう。


「きっと、この場面は一生忘れないだろうな……」
サヤカとふたりで、そんな時間をいっぱい分け合えたこと。
それだけで、この旅は、じゅうぶんだったな。


　　　　　　　　　サヤカの求めている「幸せのカタチ」
　　　　　　　　　オレの求めている「幸せのカタチ」
　　　　　　　　　　それを伝えあえたこと。
　　　　　そして、大半の部分を共有できる自信を得られたこと。
　　　　　　それだけで、この旅は、じゅうぶんだったな。


　　　　　　　　　　　　　　　　　　　サヤカの喜んだ顔が好きだ。
　　　　　　　能書きをタレるまえに、まずは、この女性を喜ばせることから始めよう。


ふたりがひとつであるために。ふたりがふたりであるために。

あなたにとって、本当に大切な人は誰ですか？
あなたにとって、本当に大切なことは何ですか？

誰かを愛するということは、誰かを愛さないということ。
何かを選ぶということは、何かを捨てるということ。
オレは、捨てる勇気がまだ足りないみたいだ。

大切なことに気づく場所は、いつも、パソコンの前ではなく、青空の下だった。

夢があろうとなかろうと、楽しく生きてる奴が最強。

ハッピーに生きていくために、一番大切なこと。
それは、きっと、「自分を知る」ということ。

自由も、幸せも、なるものではなく、感じるもの。

そりゃ、オレだって、泣きたい夜もあるさ。

すべては、自分が選んでる。

自分の心の声に正直に。

おわりに


いよいよ、最後の文ですね。
子どもたちの寝ているスキをみつけながら、なんとかここまで書けたので、正直、ホッ
としています。

今回の文章を書きながら、久しぶりに旅の日々のことを思い出しました。

世界中で見たもの、感じたこと、そして、多くの人との出逢いを通して、自分の中で何
が変わったかはわかりませんが、こんな風景もある、こんな生活もある、こんな生き方
もある、ということを知って、頭の中の視野がとても大きく広がったな、と想います。

そして、あゆむとふたりで旅をしながら、一緒にいろんなことを経験したり、いろんな
話をしたりして、以前よりもっともっと、あゆむのことを知ることができて、ふたりの間
が深くなったと想います。ケンカしたり、疲れたりしたときもあったけど、やっぱり、ふ
たり一緒の旅はとても楽しかった。今、思い返しても、笑っちゃうような思い出ばかり
が頭に浮かんできます。

そして、日本に帰ってきてから、「どこで子どもを産んで育てようか?」とふたりで相談
した結果、今度は、沖縄へ住むことになりました。
今は、あゆむとふたりの子どもと一緒に、沖縄で幸せに暮らしています。
ちなみに、子どもたちの名前が、「海 (うみ)」と「空 (そら)」になったのも、きっと、こ
の旅の影響だったのかなって想います。

この本を読んでくれて、本当にありがとうございました。
また、どこかで逢えるのを楽しみにしています。

それでは、このへんで。


高橋清佳

おわりに


この本を創りながら、久しぶりに世界旅行のことを思い出して、とってもワクワクした
気持ちになった。

今でも、世界中で見た素晴らしい風景やシーンは瞳に焼きついているし、いろんな場
所で聞いた音も、さまざまな風の感触も、あらゆる食べ物や酒の味も、世界中の路上
の匂いも、みんな五感に残ってる。

だけど、一番、胸に残っているのは、旅先で出逢った人々と過ごしたささやかな時間
だったり、一緒に旅をしたさやかのちょっとした表情だったりする。

やっぱり、オレにとって、旅は、どこへ行くかではなく、誰と行くか、誰と出逢うか。
そして、それは、人生という旅でも同じだ。
愛する人を大切に。そして、新しい出逢いを大切に。

この本を創りながら、あらためて、そんな気持ちを確かめていた。


◆


そして、これからの話。
オレたちは、今、次なる旅として、家族での世界一周を計画してるんだ。
「次は、家族で世界一周するべ！ 今度はキャンピングカーで回ろうぜ！」ってことで、
いつものとおり、また、さやかと話しながら、着々と準備が進行中だ。
まぁ、まだガキも小さいし、何年後の出発になるかは決めてないけど、今から楽しみ
でワクワクしちゃうよ。

この胸のときめきがきたら、もう止められない。
死ぬまでに、地球をおもいっきり遊び尽くしてやるぜ。

最後に。旅を愛するすべての人へ。

この本を読んでくれて、どうもありがとう。
あなた自身の旅が、ハッピーな旅であることを祈っています。
そして、いつか、旅先で出逢うことがあったら、ぜひ、一緒にうまい酒を！

**Have a Nice Trip!**

2005.5.25　沖縄にて
高橋歩

## 新装改訂版に寄せて

この本を書いてから、ちょうど10年。
最近、家族4人で、約4年間、世界一周ファミリージプシーな旅を終えたばかりだけど、
愛変わらず、オレも旅を続けているよ。

旅をすればするほど、地球の大きさや広さを知っていくので、
行ってみたい場所、やってみたいことは、増える一方でさ。
今回の人生では、とうてい遊び尽くせそうもない！（笑）

今回、新装版が出るってことで、あらためてこの本を読んでみて、10年前と大きく違うことがあるとすれば、やっぱり、インターネットの有無だろうね。航空券や宿の予約、現地の情報収集などは、ずいぶん楽になったよね。

でも、やっぱり、旅はフィーリングでしょ。
オレは、今でも、旅中、そんなにネットは重要視してないな。
ネットで情報を完璧に集めて能率よく無駄のない旅を、というよりは、気の向くままにフラフラしてたら、予想もしてなかったワクワクに出逢っちゃった！ みたいな旅が好きなんだよね。
だから、あえてアナログな感じで、現地の人に聞いた小さな情報だったり、自分の感じたなにかに導かれるまま、動くことが多いかな。

世界の路上を歩きながら、いつも想うけど、旅と人生は、似ている。

どこに行くかではなく、誰と行くか。誰と出逢うか。

なにを見るかではなく、なにを感じるか。なにを伝えるか。

旅をしながら、自分史上初のものにどんどん出逢って、
自分を縛っている小さな常識を、ガンガンぶっ壊していこう！

いつも。いつまでも。
お互いに、旅を続けようぜ。

それでは、また、地球のどこかで！

あゆむ。　　2015年2月20日／京都・上七軒にて

## More about Ayumu & Sayaka's World Journey....

### ◆BOOK

『LOVE&FREE』 高橋歩（サンクチュアリ出版）
『DEAR. WILD CHILD』 高橋歩（A-Works）
『FAMILY GYPSY』 高橋歩（A-Works）

### ◆DVD

『LOVE & FREE』 A-Works監修

### ◆WEB SITE

『AYUMU CHANNEL』 HTTP://WWW.AYUMU.CH

### Special Thanks（敬称略）

心ある多くの方々の協力で、本書は創り上げることができ ました。
ご協力いただいた方々に心より 感謝いたします。
本当にありがとうございまし た。

高橋歩・編集スタッフ一同

## 『VOICE／世界一周経験者の声！』コーナーでお世話になった皆様

■伊勢華子

■鹿島光司

■KIKI

■菊池永敏＆麻弥子

■小崎達二

■斎藤賢治＆明子

■Sachiko

■鈴木忍

■せつはやと＆たしろさないち

■竹之内秀行＆ヨレンダ

■樽家彰宏＆愛

■吉村健二

■渡邊賢

■古谷沙緒里＆眞木聖未

■浦川拓也

■吉田有希

■菅野翼

■中里和佳

■二木俊彦

■清水直哉（しみなお）

## 『MEMO／参考メモ』コーナーでお世話になった皆様

■株式会社 世界一周堂　http://www.sekai1.co.jp/

■株式会社 エクスプローラ／「地球探検隊」 http://expl-tokyo.jp/

■ピースボート　http://www.pbcruise.jp/

■トラベルデポ http://www.motor-home.net/

■世界一周団体TABIPPO　http://tabippo.net/

本書は制作時（2015年）のデータをもとに作られています。また「世界一周経験者たちの声」はそれぞれの旅の経験をもとに書かれています。掲載した情報は状況などに伴い変化することもありますので、ご注意ください。

最後に、あらためて言うまでもありませんが、旅はあくまで自己責任です。本書で描いている旅の見解や解釈については、個人的な体験を基に書かれていますので、すべてご自身の責任でご判断のうえ、旅を楽しんでください。

万が一、本書を利用して旅をし、何か問題や不都合などが生じた場合も、弊社では責任を負いかねますので、ご了承ください。

では、また世界のどこかで逢いましょう。

株式会社A-Works 編集部

高橋歩　Ayumu Takahashi

1972年東京生まれ。自由人。
20歳の時、映画「カクテル」に憧れ、大学を中退し、仲間とアメリカンバー「ROCKWELL'S」を開店。2年間で4店舗に広がる。23歳の時、すべての店を仲間に譲り、プータローに。自伝を出すために、出版社「サンクチュアリ出版」を設立。自伝『毎日が冒険』をはじめ、数々のベストセラーを世に送り出す。26歳の時、愛する彼女・さやかと結婚。出版社を仲間に譲り、すべての肩書きをリセットし、再びプータローに。結婚式3日後から、妻とふたりで世界一周の旅へ。約2年間で、南極から北極まで世界数十ヶ国を放浪の末、帰国。2001年、沖縄へ移住。音楽と冒険とアートの溢れる自給自足のネイチャービレッジ「ビーチロックビレッジ」を創り上げる。同時に、作家活動を続けながら、東京、ニューヨークにて、自らの出版社を設立したり、東京、福島、ニューヨーク、バリ島、インド、ジャマイカで、レストランバー＆ゲストハウスを開店したり、インド、ジャマイカで、現地の貧しい子供たちのためのフリースクールを開校するなど、世界中で、ジャンルにとらわれない活動を展開。2008年、結婚10周年を記念し、家族4人でキャンピングカーに乗り、世界一周の旅に出発。2011年、東日本大震災を受けて、旅を一時中断。宮城県石巻市に入り、ボランティアビレッジを立ち上げ、2万人以上の人々を受け入れながら、復興支援活動を展開。現在も、石巻市・福島市を中心に、様々なプロジェクトを進行中。2013年、約4年間に渡る家族での世界一周の旅を終え、ハワイ・ビッグアイランドへ拠点を移す。
現在、著作の累計部数は200万部を超え、英語圏諸国、韓国、台湾など、海外でも広く出版されている。

[official web site] www.ayumu.ch

## 新装改訂版　WORLD JOURNEY

2015年5月14日　初版発行

編著　高橋歩

デザイン：高橋実，編集／制作：滝本洋平・磯尾克行・森木妙子，編集アシスト：菅澤綾子，経理：二瓶明

写真：高橋歩，高橋清佳
■iStockphoto：©iStockphoto.com ／ CSA-Images, colevineyard, over016snap, RobertPlotz, rcaucino, rcaucino, Pgiam, EHStock, Csondy, Sapsiwai, Alexandrite, tororo, fototrav, Nikada, nonimatge, shaunl, MistikaS, Freeartist, Kevin Miller, OSTILL, Nisangha, y-studio, Totajla, Cn0ra, StreetMuse, Linda Steward, mamahoohooba, Bartosz Hadyniak, Juanmonino, Predrag Vuckovic, ArtMarie, tbradford, Yulia_Kotina, boggy22, Madzia71, sophie Dauwe, BergmannD, skodonnell, JacobH, Natalia Bratslavsky, Veni, CherylCasey, Roberto A Sanchez, Ron Thomas, visuall2, naumoid, Anna Bryukhanova, Iain Urquhart, typhoonski, JLFCapture, Romko_chuk, DavidMSchrader, WLDavies, Peeter Viisimaa, jamenpercy, donvictorio, fzant, mkaminskyi, DNY59, Louis16, elkor, FocusEye, Vold77, arquiplay77, shalamov, Mark Skerbinek, jimkruger, lightpix, jamenpercy, MartinKovalenkov, BigLip, Cameron Strathdee, Simon Bradfield, Cameron Strathdee, stee65, Renewer, DavorLovincic, dawnn, gcoles, Tammy616, Sapsiwai, Rawpixel Ltd, 945ontwerp, TT, brytta, Joakim Leroy, rusm, David Sucsy, Eerik, Nikada, Ben Harding, jamenpercy, tarchutchai, Grafissimo ■FOTOLIA-Fotolia.com：©mname, pure-life-pictures, Sergii Figurnyi, Jarosław Roś, kasiati2012, Brian Kinney, aterrom, Brian Kinney, naruto_japan, albillottet, paolo maria airenti, orpheus26, Sergii Figurnyi, Artur Bogacki, oscity, Mariusz Prusaczyk, mandritoiu, Beboy, scaliger, MasterLu - Fotolia.com ■dreamstime：© Ixuskmitl, zlotysu, Maxim Tupikov, Attila Jandi, Eldeiv, Grafzero, Levente Bodo, Mary Lane, Faizzaki, Rob Den Braasem, Nilanjan Bhattacharya, Gunold Brunbauer, Aija Lehtonen, Guoqiang Xue, He Yujun, Michal Bellan ■PIXTA：©Topdeq, bbtree, MASA, marinescape,uraku, Scirocco340, Yayimages, sborisov, oscarcwilliams ■Fotosearch：Ostill, Foxhound/©Fotosearch.jp,

発行者　高橋歩

発行・発売　株式会社A-Works
東京都世田谷区玉川3-38-4 玉川グランドハイツ101　〒158-0094
TEL: 03-6805-6425　FAX: 03-6805-6426
URL: http://www.a-works.gr.jp/　E-MAIL: info@a-works.gr.jp

営業　株式会社サンクチュアリ・パブリッシング
東京都渋谷区千駄ヶ谷2-38-1　〒151-0051
TEL: 03-5775-5192　FAX: 03-5775-5193

印刷・製本　中央精版印刷株式会社

※本書の無断複写・複製・転載を禁じます。　ISBN978-4-902256-64-2

本書は、2005年発行の『WORLD JOURNEY』をリデザインし、データを最新のものに変更し、内容等を追加した新装改訂版です。